本教材是2022年度贵州省级金课
“商贸流通专业群贸易实务虚拟仿真实验”（2022JKXN0067）
阶段性研究成果。

贸易行为分析实验教程

王静娴　徐志昆／主　编
杨　玲　向传学／副主编

西南财经大学出版社
中国・成都

图书在版编目(CIP)数据

贸易行为分析实验教程/王静娴,徐志昆主编;杨玲,
向传学副主编.--成都:西南财经大学出版社,2025.3
ISBN 978-7-5504-6060-7

Ⅰ.①贸… Ⅱ.①王…②徐…③杨…④向…
Ⅲ.①贸易—行为分析—教材 Ⅳ.①F7

中国国家版本馆 CIP 数据核字(2024)第 028163 号

贸易行为分析实验教程

MAOYI XINGWEI FENXI SHIYAN JIAOCHENG

王静娴 徐志昆 主 编
杨 玲 向传学 副主编

策划编辑:高小田
责任编辑:高小田
责任校对:王甜甜
封面设计:墨创文化
责任印制:朱曼丽

出版发行	西南财经大学出版社(四川省成都市光华村街 55 号)
网 址	http://cbs.swufe.edu.cn
电子邮件	bookcj@swufe.edu.cn
邮政编码	610074
电 话	028-87353785
照 排	四川胜翔数码印务设计有限公司
印 刷	郫县犀浦印刷厂
成品尺寸	185 mm×260 mm
印 张	13.625
字 数	259 千字
版 次	2025 年 3 月第 1 版
印 次	2025 年 3 月第 1 次印刷
印 数	1— 2000 册
书 号	ISBN 978-7-5504-6060-7
定 价	49.80 元

前言

QIANYAN

本教材的编写坚持以习近平新时代中国特色社会主义思想为引领，全面贯彻党的教育方针，落实立德树人根本任务，始终牢记“为党育人、为国育才”的使命，立足于应用型本科教育。

该实验教材是对经济与贸易类专业主干课程中消费经济学和市场营销学的进一步补充和完善，有效地将理论与实践有效地结合起来，培养学生的分析能力。

该教材以贸易行为分析实验为主线，贸易行为分析实验的内容包括两大方面：一是各种以体验与加深贸易行为分析理论的理解为目的的实践活动；二是各种培养学生进行实际贸易分析与决策的技能的实践活动。该教材可以充分体现我校的办学思路，符合应用型人才培养目标，有助于培养出符合新时代要求，专业基础实、实践能力强，具备商业头脑、创造活力、担当精神、实干作风的高素质应用型人才。

贸易行为分析实验以习近平新时代中国特色社会主义思想为指导，要求学生系统理解并应用消费经济学所学知识以及掌握市场销售的重要环节。实践教学是应用型学科教学方式的生命线。鉴于本门课程的性质和其在专业中的重要地位，贸易行为分析实验课程实践教学的内容主要包括两大方面：一是进行各种以体验与加深对理论知识理解为目的的实践活动；二是各种培养学生进行实际贸易行为分析的技能的实践活动。

贵州商学院参与教材编写的老师如下：王静娴、徐志昆、杨玲、向传学。本书由王静娴负责全书教材体系结构设计，第一章的编写，教材的修改和最后的审定。杨玲负责第二章、第三章的编写，徐志坤负责第四章和第五章的编写，向传学负责全书的统稿和校稿。

由于编者水平有限，书中难免有错误和不妥之处，恳请读者批评指正。

本教材为贵州省级“金课”——商贸流通专业群贸易实务虚拟仿真实验教学一流课程（2022JKXN0067）的阶段性研究成果。

王静娴

2025 年 3 月

目录

CONTENTS

第一章

贸易行为认知

第一节 贸易类型

贸易分类是生产分类和消费分类在流通中的反映，是生产分类和消费分类交互作用的结果，是生产分类向消费分类转换在流通过程中的客观要求。生产分类和消费分类都对贸易分类有一定的影响。

生产分类依据不同的分类标准对全部生产领域进行划分。首先，按照马克思社会再生产理论，根据产品的最终用途可将生产划分为生产资料生产部类（Ⅰ部类）和生活资料生产部类（Ⅱ部类）两大类，这两大部类内部又可以进一步划分出许多生产部门或行业。其次，根据物质产品的用途可将生产划分为农业生产部门和工业生产部门。农业生产部门又可进一步划分为农、林、牧、副、渔各业。工业生产部门又可分为轻工业生产部门和重工业生产部门，轻工业和重工业内部又可以分别进一步划分为不同的生产行业。最后，按照社会分工的自然关系，将生产划分为三大产业，即第一产业、第二产业、第三产业。

消费分类通常包括以下几个方面：首先，依据消费的组织形式及消费需求的来源，消费可分为个人消费和社会集团消费。个人消费是个人购买力的支出，个人消费包括衣、食、住、行、文化、娱乐等。社会集团消费主要指社会企事业单位、政府机关的集体消费。其次，根据消费品的物质属性，消费可划分为物质产品消费和精神产品消费。最后，根据消费品的来源划分，消费可分为自给性消费和商品性消费。除此之外，从满足消费的层次上看，消费可分为生存资料消费、享受资料消费和发展资料消费；从满足消费的性质上看，消费可分为必需品消费和非必需品消费等。生产分类和消费分类在一定程度上影响贸易分类，同时，贸易分类又可以协调生产分类和消费分类之间的关系。贸易分类的主要方式包括：

（1）根据历史上对生产资料和生活资料流通的习惯，我国曾把贸易划分为物资贸易和商业。在我国，物资贸易主要经营生产资料，商业主要经营生活资料。

（2）根据买卖转换的次数，贸易可划分为直接贸易和间接贸易。直接贸易是指只经过一次买卖环节的贸易方式；间接贸易是指经过两次或两次以上买卖环节的贸易方式。

（3）根据贸易环节的功能，贸易可划分为批发贸易和零售贸易。批发贸易是指从生产企业购买商品，然后转售给其他工商企业的贸易行为。批发有产地批发、中转批发、销地批发等。零售贸易是指直接把商品销售给消费者的贸易行为。

（4）根据贸易的空间范围，贸易可划分为地方贸易、国内贸易和国际贸易。

（5）根据交易时间，贸易可划分为现货贸易、期货贸易。

（6）根据产品序列，贸易可划分为初级产品贸易、中间产品贸易和最终产品贸易。

（7）根据贸易对象的属性，贸易可划分为商品贸易，生产要素贸易（包括资本贸易、劳务贸易、技术贸易、信息贸易、房地产贸易等）和服务贸易。

本教材将按贸易对象的属性进行贸易分类。

第二节 贸易行为主体

一、贸易主体的构成

贸易主体，一般是指参加贸易活动的组织和个人。商品要实现从生产领域到消费领域的转移，需要有贸易关系的人格化代表来推动，对商品起监护和推动作用的人格化代表就是贸易主体。

贸易主体可以有不同的分类：

(一) 按在贸易活动中的作用，贸易主体可分为生产者、消费者和商品经营者

其中商品经营者在贸易活动中起主导作用，是基本主体。生产者是商品的供给者，是商品的第一个出售者，为贸易关系的建立提供物质基础。生产者参加贸易活动的目的在于出售商品，以补偿生产中的劳动耗费并赚取利润，自然是贸易主体。

消费者主要有生产消费者和生活消费者，他们作为商品的需求者和货币提供者，与生产者对立，处于贸易活动的终点，最终完成货币和商品的移位。生产消费者为从事再生产而购买产品，其购买行为受市场经济规律支配，为价值和剩余价值的生产服务，是贸易主体；生活消费者即消费者个人，用自己掌握的收入到市场上购买产品或劳务，满足自己的需求与欲望，在市场上购买什么，购买多少，如何购买，都由个人决定。同时，在与生产者和经营者进行贸易时，消费者个人通过对产品或劳务的选择和价格判断进行购买和消费，希望获得最大效用，并引导生产者和经营者的生产或经营。因此，消费者个人也是贸易主体。

商品经营者是专门从事贸易活动的组织与个人，从贸易运行过程来看，生产者生产出来的产品，绝大多数需要通过商品经营者这一媒介。商品经营者从生产者那里购进商品，然后又将商品出售给消费者，这种为卖而买的行为在生产者和消费者之间架起了一座桥梁，使社会交易成本大大降低，贸易效率大大提高。因此，商品经营者是整个贸易活动的支撑力量，是重要的贸易主体。

(二) 按法律地位，贸易主体可分为自然人和企业法人

自然人是指具有行为能力和权利能力，依法从事生产经营活动的个人，如个体工商业者等。自然人具有独立的地位、独立的利益和独立的财产，在经济法律关系中，与企业法人一样，都是经济法律关系主体，相互间地位平等。通常自然人的生产经营活动以个人或家庭为本位进行，必要时可雇工和带学徒，可采用多种多样的经营方式。

法人是指具有民事权利能力和民事行为能力，依法独立享有民事权利和承担民事义务的组织。企业法人就是依照法律规定的程序和条件，由一定人员和一定财产组成的，实施购销行为的生产企业与贸易企业。企业法人是经济贸易活动发生的主体和经济利益关系的承担者，是社会发展的经济细胞，它把劳动力、生产资料、资本、技术和信息等要素组织起来，按照市场需要投入生产和贸易领域，带动贸易运行客体要素的流动，从而推动贸易的运行。

（三）按其组织结构，贸易主体可分为消费者（个人）、企业和政府

消费者是最终商品的购买者，在交易过程中居主导地位。消费者需求是社会的主导需求、原始需求，决定了企业的派生需求。

企业有较稳定的组织结构和科学的决策系统，既是商品提供者也是商品需求者，在交易活动中具有很强的灵活性和拓展能力。企业作为交易主体，是最常见的商品需求者和供给者。

政府作为贸易活动的管理者，需要对贸易活动进行宏观调控，同时政府以消费者的身份采购商品和劳务，是重要的贸易主体。政府通过财政政策和货币政策对经济活动进行调控，影响市场发展的深度及方向。

二、商品经营者

（一）马克思再生产理论对中介原理的解释

马克思在考察社会总资本的再生产时，把社会产品按实物形式分为生产资料和消费资料两个部类，按价值分为不变资本、可变资本和剩余价值三个部分，进而分析了资本主义简单再生产和扩大再生产的条件，分析了价值和剩余价值的深刻矛盾。在马克思的社会总资本再生产理论中，包含着关于生产与流通关系的丰富思想。马克思认为，社会再生产就是生产过程和流通过程的统一。他把流通界定为交换的一定要素，或者也是从交换总体上看的交换。在流通和生产的辩证关系中，首先，生产决定流通，生产的方式决定了流通的方式；其次，流通对生产有反作用力，正如马克思所说，生产过程如果不能转入流通，那么生产就要陷入绝境。

我们将马克思的论点概括如下：①社会生产过程是再生产过程，即不断更新、不断重复的过程。社会再生产包括四个环节，即生产、分配、交换和消费，它们既相互联系又相互制约；②流通是商品经济特有的范畴，在商品经济条件下，流通是社会再生产过程的重要阶段，它把生产和分配同消费联系起来，成为生产和消费之间必不可少的中间环节；③在生产与流通的关系中，生产对流通起主导的作用。一方面，流通的存在及其规模和方式都决定于生产，没有生产就没有流通；另一方面，生产的性质决定流通的性质，流通作为社会再生产过程的重要环节对生产又有反作用，在某种情况下甚至有决定作用。从这个意义上说，流通同样也影响着生产，并对社会扩大再生

产的速度、比例、结构等均有着重大的影响。

（二）流通的中介地位

1. 生产者与消费者矛盾的解决：流通中介即商品经营者出现

交易的空间分离、时间分离、所有权分离、产销分离、价值分离、信息分离导致生产与消费发生矛盾，即出现二者不相适应的状况。交易有内在扩大的外扩性质，而地域空间、时间跨度、所有权变更的可能性、商品的个别价值与社会价值、信息传播速度等都会增加生产者和消费者的直接交易难度。

2. 流通中介的“枢纽”地位

处于流通中介地位的中间商是指在制造商与消费者之间专门作为商品交换媒介的经济组织或个人。在现实生活中，中间商往往按照不同的标准进行分类，如按照中间商是否拥有商品所有权，中间商分为经销商和代理商；按照销售对象的不同，中间商分为批发商和零售商等。当交易服务由中间商提供时，交易就成了生产者和消费者进行交换的“枢纽”。中间商通过交易服务把这些参与者连接起来，并使参与交易的商品的价值增加。中间商通常不生产物质商品，而是为贸易双方提供交易服务，可以说，他们是提供“服务交易”这一特殊商品的人。

在社会分工条件下，作为“枢纽”的中间商往往是交易的专家，中间商在生产者之间、生产者与消费者之间建立一种贸易联系，并从中谋求经济利益。可以说，社会经济发展到一定程度，中间商就要以其“枢纽”地位构建一个与之相适应的交易网络。

专业中间商大致分为两类。一类是佣金中间商，或叫代理中间商、经纪人、中介等。佣金中间商主要靠协调交易双方并赚取佣金，如物流服务提供者通过传递货物收取运输、仓储、信息等费用，通常他们并不转卖所经手的货物，而是扮演代理的角色。有的佣金中间商从生产者（交货人）那里收集货物，然后以“委托”交易的方式把货物送达消费者（收货人）手中。另一类是加价销售中间商，也叫经销中间商，如批发商、零售商（超级市场、百货店等）。与佣金中间商不同，销售中间商对手中货物具有所有权，通常通过购买货物、分销转卖赚取利润，通过其转卖活动使得商品的价值增加。

（三）贸易中介的产业平台性质

产业平台是指汇聚各个行业及其产业链的基础性技术、信息与服务资源的平台。在当今社会的信息化条件下，贸易中介的集约性表现为市场服务式的产业平台性质。

贸易中介的产业平台集互联网、新闻推广、海量企业信息传播、官方的移动电子商务营销平台于一体，方便各个产业在贸易活动中进行投融资和发布采购类信息，为国内外企业拓展业务提供服务。贸易组织者构建的往往是权威性高、受众广（海量访问）、综合的、资源强大的交易平台。

第三节 贸易行为细分

从某种角度讲，贸易行为就是组成贸易过程的每一次买卖行为。由于商品交换在时间上和空间上分离，因此通常在商品流通过程中要发生多次交换，其中每一次交换就是一次买卖行为。这些买卖行为发生在商业经营者、消费者或商人之间。

（一）收购

商品收购是通过交换获取物料和服务的购买行为，目的是为企业在合适的时间、地点以合适的价格获取质量、数量合适的资源。采购流程包括：收集信息、询价、比价、议价、评估、索样、决定、请购、订购、协调与沟通、催交、进货验收、整理付款等。

收购使商品从生产领域进入消费领域，是商业经济活动的真正开始。商品贸易首先必须向生产者购进商品，然后才能进行商品转卖，满足消费，获得商业利润。对生产者来说，商业部门及时收购产品，能使生产部门尽快地把商品转化为货币，以便于购买生产资料和支付职工的工资，为再生产提供条件。商品收购使商业本身能够及时掌握货源，组织商品供应，以满足工农业生产、城乡人民生活以及外贸出口的需要。商业在工业品收购中会发生工商关系，在农副产品收购中会发生农商关系。社会生产和社会需要之间的矛盾，会在商品收购中反映出来，表现为收购的商品数量、质量、花色、品种、规格和价格等方面的工商矛盾或农商矛盾。

（二）商品运输

商品运输是指商品借助动力在地区之间的位置转移。它不仅是生产过程在流通领域的继续，也是商品流通过程中的一个重要环节，还是商业企业联结生产和消费、联结城乡、联结购销、发挥桥梁和纽带作用的重要组成部分。虽然运输活动和一般生产活动不同，不创造新的物质产品，不增加社会产品数量，不赋予产品新的使用价值，只改变其所在的空间位置，但是这一变动是使生产继续下去，使社会再生产不断推进，使价值不断增值的过程。所以，运输需求几乎是所有经济主体都具有的普遍需求。可以说，运输是生产过程在流通领域的继续，是属于流通领域的物质生产过程。在经济活动中，它连接着生产和生产、生产和交换、生产和消费、交换和消费等各个环节，因此，运输在社会再生产和经济生活中处于十分重要的地位，与国民经济各部门有着密切的关系。

运输这种特殊的物质生产活动具有以下性质：第一，服务性。与工农业生产的产品不同，它提供的产品是一种劳务形式的活劳动。第二，运输联系的广泛性。运输把原材料、燃料等送达生产地，又把产品运往消费地，它贯穿整个社会再生产过程，几乎和所有的生产经营活动都发生直接或间接的联系。第三，非实体性。运输产品是看不见、摸不着的，与被运输的实体产品结合在一起的产品，它实现的只是空间的位移。第四，连续性。运输往往是在一个固定的线路上完成的，且由几种运输方式共同完成，而不像工农业生产那样在一定范围内即可完成其生产任务。商品在生产中及生产出来后，以及送到消费者（用户）手中之前，一直存在不同形式的运输。

（三）商品销售

1. 概念

商品销售是指商品生产企业通过货币结算出售所经营的商品，转移所有权并取得销售收入的交易行为。它是商品所有者经过出卖把商品让渡给购买者，使商品转变为货币，并实现商品的价值形态转化的经济活动。商品销售并不仅仅是将商品卖掉，而是一个复杂的、系统的经济行为，是创造、沟通与向顾客传送价值，是经营顾客关系以便让组织与其利益相关者（stakeholder）受益的一种组织功能与程序。因此，销售可以解释为一个帮助有需求的人得到所需的过程。在这一过程中，从事销售工作的人得到相应的报酬。商品销售就是介绍商品提供的利益，以满足客户特定需求的过程。商品销售不仅包括有形的商品销售，而且附带或包含无形服务的销售；销售还包括满足客户特定的需求（特定的欲望），或者客户特定问题的被解决，包括提供的特别利益。

2. 种类

生产者销售商品，可以直接卖给消费者，也可以卖给在生产者和消费者之间起媒介作用的商人。商人购进商品，并不是为了满足自己的消费需要，而是为了转卖，所以商人也要销售商品。商人出售商品，可以直接卖给消费者，也可以卖给其他商人。但商品无论在商人之间怎样买卖，最后终究都要卖给消费者。商品无论怎样销售，只有出售给消费者才是最终的出售，商品至此才能脱离流通领域而进入消费领域，成为消费者使用或享受的对象。因此，从严格的意义上讲，商品销售是指出卖给消费者的最终销售。生产者通过商人将资本品卖给其他生产者以便进行生产，这虽然也是一种销售，但不是最终销售。商品销售有以下几种：

一是经销，由供货商向商家定期、定量供应货物，由商家在市场上销售。这种商人叫经销商。经销商与供货商之间是买卖关系，经销商必须自垫资金购买供货商的货物，自行销售，自负盈亏，自担风险。经销也是售定，供货人与经销商之间是一种买卖关系，但又与通常的单边逐笔售定不同，当事人双方除签有买卖合同外，通常须事先签有经销协议，确定对等的权利和义务。按经销商权限的不同，经销可分为：第一，包销，即指经销商在规定的期限和地域内，对指定的商品享有专营权；第二，定销，即指经销商不享有独家专营权，供货商可在同一时间、同一地区委派几家商号来经销同类商品。

二是代销，指受托方（一般为商业企业）按委托方的要求销售委托方的货物，并收取手续费的经营活动。代销的特点是受托方只是一个代理商，委托方将商品发出后，所有权并未转移给受托方，因此商品所有权上的主要风险和报酬仍在委托方。只有在受托方将商品售出后，商品所有权上的主要风险和报酬才转移出委托方。所以，企业采用委托代销方式销售商品，直到代销商品销售后才确认商品销售成立。商业企业可以接受其他单位委托代销商品，也可以委托其他单位代销本企业的商品。

（四）进出口

进出口，即进出口贸易，指一国（或地区）与他国（或地区）之间货物和服务的交换活动。进出口贸易有多种形式，如国家间一般的商品贸易、补偿贸易、来料加工装配贸易、进料加工贸易、国家间寄售与代销贸易、边境小额贸易、加工贸易进口设备、对外承包工程出口货物、租赁贸易、外商投资企业作为投资进口设备与物品贸易、出料加工贸易、易货贸易、保税仓库进出境货物、保税区仓储转口货物、境外贸易加工等。

1. 进口

进口，又称入口，指一国（或地区）向他国（或地区）购买生产或消费所需的原材料、产品、服务，是把外国商品输入本国的一种贸易活动。从经济学的角度来讲，进口贸易的目的是谋求本国没有的产品与服务，并获得利润。

2. 出口

出口，指一国（或地区）向他国（或地区）出售一部分生产加工的产品的全部贸易性业务。出口贸易又称输出贸易，是指将本国生产或加工的商品运往国外市场销售。从国外输入的商品未在本国消费，又未经本国加工而再次输出国外，称为复出口或再输出。

3. 进出口贸易的环节

从国际市场和国内市场的衔接来看，进出口贸易流程在国内外都要经历以下几个阶段：

第一，组织货源阶段。该阶段的主要工作是，依合同所规定的交易商品和交易条件组织贸易活动，如果是出口贸易，还要经过在本国的生产或收购调拨调运、仓储保管阶段。该阶段要求产品的品质、性能、包装、规格、外形等与合同条款保持一致；要保证原辅料、中间产品的及时供应，确保按时交货；无论是进口贸易还是出口贸易，都要进行货物的运输，中转运输地往往是港口、车站、机场等。调运过程要求合理安排货物流向，选择从产地到出口地最便利、最省时的运输路径。此外，还有一个必经的环节是仓储保管。

第二，履行合同，处理争议阶段。履行合同的主要内容可用“货、证、船、款”来概括。货，指按合同要求备齐货物待运，这在组织货源阶段已基本完成；证，指国际贸易结算的主要方式，如托收、电汇和信用证，其中以信用证最为普遍；船，即国际贸易运输方式，有海运、陆运、空运等，首先是租船和定舱，其次是出运，最后到达目的地并报关；款，指制单结汇过程。处理争议的解决办法一般有三种：友好协商、仲裁以及司法诉讼。

第二章

贸易行为数据挖掘与采集

第一节 问卷设计

问卷设计是贸易行为分析流程的重要一环，问卷设计的质量直接影响调查数据的质量，关系到调查研究目标与任务能否实现。问卷设计是一项具有很强的理论性、技术性、艺术性的工作，需要设计者充分熟悉调查研究对象的特点与性质，了解研究课题所涉及领域的相关基础理论，灵活运用统计测量技术。本节重点介绍问卷的概念、作用、类型、基本结构，问卷设计的原则与基本流程和技术。

一、问卷的概念

问卷，又称调查表，是指调查研究者根据调查目的和要求，设计出的由一系列问题、备选答案及填答说明等组成的向被调查者搜集调查数据的一种工具。问卷可以是表格式、卡片式或簿记式。

设计问卷，是询问调查的关键。问卷必须具备两个功能，即能将问题清晰、准确地传达给被调查者，以及让被调查者乐于回答。要完成这两个功能，问卷设计应当遵循一定的原则和程序，运用一定的技巧。

问卷在自然科学、社会科学的许多领域具有广泛的用途。就市场调查活动而言，它是搜集市场信息的基本工具之一。市场研究需要进行规范的调查，标准化的问卷不仅有利于准确、迅速地搜集市场资料和信息，而且便于快速、高效地对这些数据进行处理和分析。

二、问卷的作用

（一）有利于调动被调查者的回答意愿

根据调查研究的目的与任务设计的调查问卷，能够将需要调查的内容以问题的方式呈现，许多问题还给出了多种可能的备选答案，供被调查者选择。这种询问方式有助于将调查的内容正确地传递给被调查者，降低被调查者的回答难度，有利于得到对方的配合，从而提高被调查者的回答意愿，进而为搜集比较准确的数据创造条件。

（二）有利于对调查数据进行统计处理

调查员将设计好的调查问题和答案规范有序地在问卷中列出，并给出相应的计算机编号，可以使调查后期的数据处理变得方便快捷，能够使调查员依据数据处理的结果进行深入的统计分析。

（三）有利于节省调查时间，提高作业效率

由于问卷中已对调查目的、调查内容和填表要求进行了说明，因此除特殊情况外、一般无须再让调查者就有关问题向被调查者进行说明，只需要对方按照要求完成问卷即可。这样就节省了调查者与被调查者进行沟通的时间，缩短了调查作业流程，提高了作业效率。

三、问卷的类型

问卷的设计必须满足具体的调查目的和任务要求，需要针对不同的调查研究目的、调查对象、调查内容、调查方法设计不同类型的问卷。

（一）根据使用问卷的方法分类

根据使用问卷的方法，问卷可分为自填式问卷和访问式问卷两类。

自填式问卷是指调查者把问卷发给被调查者，由被调查者自己填写问卷。大多数情况下，被调查者在回答此类问卷时，由于不能与调查者面对面交流，缺乏填答问卷的现场指导，因此从被调查者角度考虑，设计自填式问卷时应尽可能使问卷简单明了、方便填答。无论是问题的表述还是备选答案的表述，都必须使被调查者易于准确理解，以确保填答质量。

访问式问卷是由调查者在各种方式的访问中所使用的一种问卷。访问方式包括入户面访、街头拦截访问、小组座谈访问、深层访谈、电话访问等。在访问调查中，由于被调查者与调查者能够面对面交流，有机会获得填答问卷的现场指导，所以访问式问卷较自填式问卷可以设计得稍微复杂一些，以便能够搜集更深层次的数据。但电话访问只是调查者与被调查者的一种语言交流，被调查者不能见到问卷，而且受到时间限制，所以电话访问中的问卷一般比较简单，不能使用比较复杂的问卷。访问式问卷根据需要，可以由调查者向被调查者提问，调查者记录被调查者的回答，也可以由被调查者自行填写。

（二）根据问卷发放的形式分类

根据问卷发放的形式不同，问卷可分为现场发放式问卷、报刊式问卷、邮寄式问卷、电话访问式问卷、网络问卷。

现场发放式问卷是指在调查现场由调查者将调查问卷直接发给选定好的目标群体，待回答完问题后再进行统一收回，如各类面访问卷，其特点是有确定的传播途径、回收率高、回收时间短，但费用也高。

报刊式问卷是指把问卷刊登在报刊上，随报刊发送到各地，当读者看到报刊后在报刊上填写问卷，然后将报刊寄回编辑部。其特点是有稳定的传播途径、保密性好、费用低，回收时间长且回收率不高。

邮寄式问卷是指通过邮局把问卷邮寄给相应的人员，待答完问题后再通过邮局将问卷统一回收。此类问卷适合于特定群体的调查，其特点是有确定的传播途径，保密性好，费用低，回收时间较长且回收率较低。

电话访问式问卷是指通过互通电话的形式，向被调查者提问，调查者根据被调查者在电话中的回答情况进行填写。其特点是有确定的传播途径，内容较少，回收率高，回收时间短，费用相对较低。

网络问卷是当前较为普遍的一种形式，在网络上发布问卷。其特点是保密措施好，有相对稳定的传播途径，不受时间和空间的限制，可以获得更多的信息。

（三）根据问卷标准化程度分类

根据问卷标准化程度不同，问卷可分为封闭式问卷和开放式问卷。封闭式问卷是指问卷中事先拟定了问题的备选答案，被调查者进行选择性回答。封闭式问卷的标准化程度高，提问的方式与备选的答案都是统一的，有利于对调查数据进行统计处理。

在调查活动中，若偏重搜集定量数据或可以量化的数据，则提倡采用封闭式问卷。

开放式问卷是指问卷中只是提出了问题而没有提供备选的答案，完全由被调查者根据自己的理解或感受进行填答。开放式问卷由于未提供统一的备选答案，因此其标准化程度低，不便于对调查结果进行统计处理。开放式问卷广泛应用于定性的探索性研究。

四、问卷的基本结构

一份完整的问卷通常由标题、说明词、正文、编码、被调查者基本情况、结尾六部分内容组成。有些特殊的调查问卷可能还包括情景刺激物，如调查中必须向被调查者展示的图片等，这些可以作为问卷调查的辅助工具。

（一）标题

问卷的标题是对调查主题的概括说明。标题的拟定应该突出调查的主题，必要时还可以突出调查研究的对象。一个好的标题不仅可以让被调查者了解调查的大致内容，还可以吸引被调查者积极参与。标题要力求简洁明了，切忌模糊冗长。例如，大学生网购行为调查问卷、居民保险意识调查问卷，此类问卷标题不仅限定了调查范围，也说明了调查的主题及大致内容。

（二）说明词

说明词又称封面信，该部分是对调查者身份、调查目的与意义、填答问题的有关事项的说明。说明词往往由两部分组成，一是致被调查者词，二是填答说明。

致被调查者词需要向被调查者说明调查员的身份、调查目的与意义，说明问卷的匿名性和保密性原则，说明对被调查者的希望和要求。该部分的文字表述要力求简练，语气要谦和诚恳、平易近人，给被调查者以好感。要强调调查活动不涉及个人隐私，调查数据仅供研究之用，以消除被调查者的顾虑。这样方能获得被调查者的信任，并激发其参与调查的意愿。特别需要说明的是，调查者身份应尽可能具有较高的权威性与可信度，以获得被调查者的信任与认可。一般而言，研究机构、高等院校、政府机关、社会团体等部门较宜作为调查活动的组织者或委托者。若是企业或行业主管部门所组织的内部调查，就直接以企业或行业主管部门作为调查者。

填答说明需要向被调查者介绍填答问卷的具体方法及有关注意事项，以确保被调查者能够按要求规范地填答问卷，从而有助于保证问卷的有效性及后续的数据处理。填答说明的表述一定要具体、准确、详尽，不能有任何遗漏或让被调查者产生疑惑之处。根据问卷的具体内容，填答说明可以集中安排在问卷前面，也可以分散至各题项之前。为了避免问卷过于啰嗦与凌乱，我们提倡将填答说明集中安排在问卷的前面。对于个别题项不便于集中说明填答方法，则在相应题项前说明填答方法。

说明词可以安排在卷首，成为问卷的一部分，也可单独成为问卷的一封附信。

（三）正文

正文既是问卷的主体部分，也是问卷的核心，主要由调查的问题、备选答案、回答方式组成。调查的问题有封闭式问题与开放式问题两种，但一般以封闭式问题为主。封闭式问题需要给被调查者提供备选答案并规定回答方式，而开放式问题则由被调查者自由作答。正文部分的设计需要调查者在明确调查目的的基础上，充分熟悉被研究现象的基本特征以及与该现象相关的若干学科知识，运用问卷设计中的一些技巧，使所提的问题符合研究的需要。

问卷中所要调查的问题可分为两类：一类是经验事实方面的问题，主要了解市场活动中所发生的客观现象、人们的行为特点和结果；另一类是被调查者的主观判断，如观念、认知、态度、偏好、意见、感受等方面的问题。这两类问题的性质、作用不同，使用的询问方式和询问技术也会有所区别。

（四）编码

编码就是将被调查者填答的内容，转换成便于识别的代码，以便计算机汇总计算。编码有两方面内容：一是对问题的编码；二是对问题的诸种回答的编码。编码一般应用于大规模的问卷调查中。因为在大规模问卷调查中，调查资料的统计汇总工作十分繁重，完整、科学的编码能便于计算机进行调查数据的录入、处理与分析。

编码既可以在问卷设计的同时就设计好，也可以在调查工作完成后再进行。前者称为预编码，后者称为后编码。在实际调查中，对于封闭式问题既可以采用预编码，也可以采用后编码。对于开放式问题则只能采用后编码。在问卷中，编码的方法多种多样，问卷制作者可以根据实际情况选择合适的编码方法。

（五）被调查者基本情况

被调查者基本情况是指被调查者的主要自然属性特征与社会属性特征，也称为被调查者背景。在市场调查中，被调查者可以划分为两种，一种是个人，一种是组织单位。这两类被调查者的自然属性特征与社会属性特征是有区别的。如在消费者调查中，消费者自然属性特征包括性别、年龄、身高、体重等，社会属性特征包括婚姻状况、文化程度、职业、收入等；在企业调查中，企业的自然属性特征包括企业名称、所在地区、企业规模、生产能力等，社会属性特征包括企业经济类型、所属行业等。

被调查者的基本情况是多方面的，在一次调查中不必将其全部基本情况一一加以调查，只需要调查与研究目的有关的少数基本情况。这些少数基本情况的确定往往与研究的假设有关。

（六）结尾

问卷结尾部分主要设置一些开放式问题，征询被调查者参与调查的意见与感受；必要时还可以展示调查的相关信息，记录调查情况，如调查员的姓名、访问日期、访问时间、访问地点、被调查者的配合情况等；也可以包括对被调查者的感谢语以及有关的补充说明。

以上六个部分是一份规范、完整的调查问卷所应具有的结构和内容。对于一些简单的调查问卷，如征询意见表、消费调查表等，只需要有标题、问题和答案就够了，无须面面俱到。有时也要考虑问卷调查的方式，如面访式问卷的结尾往往需要有调查情况的记录，而邮寄式调查问卷则无须此项内容。

五、问卷设计的原则与基本流程

设计问卷是一项技术含量很高的工作。在问卷中设置哪些问题，如何提问，采用什么方式回答，如何使被调查者愿意并准确回答问题，以期获得能够满足研究目的要求的调查数据，都是问卷设计者需要认真思考的。下面主要介绍问卷设计的原则与基本流程。

（一）问卷设计的原则

为了保证问卷设计的质量，问卷设计时需要遵循一定的原则。

1. 目的性原则

目的性原则是指所设计的问卷必须符合研究目的的要求。具体来讲，问卷的设计必须从调查研究的目的出发，认真分析调查现象的特点与规律，明确调查项目。首先，要拟出与调查研究课题相关的全部变量，并对这些变量进行筛选，保留主要的、关键的变量，然后按变量的特点提出调查的问题。其次，要确保调查问题没有重复与遗漏，使所搜集的数据能够满足调查研究目的的需要。这是问卷设计最基本的要求。

2. 科学性原则

科学性原则是指设计问卷时必须坚持科学的态度，不能随心所欲。设计问卷是一项复杂且具有较高难度的工作，需要科学理论的指导。例如，在进行消费者动机调查时，就需要了解消费者心理学、行为学中关于动机的有关理论，以及动机的表现、形成因素、关联因素等相关知识。科学性是问卷设计中重要概念、特征、关系合理体现的重要保证。

3. 逻辑性原则

逻辑性原则是指问卷设计中问题的生成、问题的排列、问题之间的关系要具有逻辑性。如果调查研究需要验证有关研究假设，就可以从研究假设所涉及的概念出发生成调查研究的具体问题。如果调查研究只是描述市场特征，就应该在相关理论的指导下，通过逻辑分析，推理出需要调查的问题。问题的排列应有一定的逻辑顺序，符合被调查者的思维逻辑。一般是先易后难、先简后繁、先具体后抽象。同时还要评估问题的编排效应，确保相邻两个问题的回答是独立的，前面问题的回答不影响后面问题的回答。此外，问卷所涉及的调查内容往往区分为多个模块，模块内的问题与问题之间、模块与模块之间也要有一定的逻辑关系。

4. 中立性原则

中立性原则是指问卷设计时要保持提问的中立性。提问不能带有任何诱导、提示的色彩，问句的表述不能掺杂调研者的个人倾向；否则，被调查者在不合理的提问引导下，会出现回答偏差，影响调查数据的质量。尤其是一些测度被调查者主观方面的问题，要注意中立性原则。

5. 方便性原则

方便性原则是指所设计的问卷必须使被调查者能够方便作答、调研者能够方便地整理数据。调研者在设计问卷时，需要站在被调查者的角度，评估整份问卷是否便于被调查者回答每一个问题。这就要求问卷的问题表述应该通俗、准确、清晰，避免使用过于专业的词语和意义模棱两可的表述，以使被调查者准确理解问题的含义。对于问题的回答方式，问卷中必须给予明确的提示，以方便被调查者回答。另外，设计的问卷还要能够为调研者自身进行数据的整理提供方便。

（二）问卷设计的基本流程

问卷设计的基本流程包括设计问卷前的探索性研究，设计调查问卷初稿，问卷的试用和修改。一份可实施的问卷需要经过多次讨论、修改与完善。

1. 设计问卷前的探索性研究

探索性研究，是调查者对所研究而又不太熟悉的现象或问题，运用一定的方法，进行初步熟悉、了解、思考、分析的过程。其基本目的是提供一些资料以帮助调查者认识和理解所面对的问题，使问题定义得更准确、更清晰。探索性研究是问卷设计的基础工作。设计问卷之前，调查者可能不太熟悉研究的具体现象所涉及的专业性问题，或对所研究问题的理解与定义把握不准，这就需要运用探索性研究。探索性研究的研究过程灵活，无固定结构，所需的信息是不能精确定义的。例如，向行业专家咨询就是一种探索性研究。探索性研究的样本量一般较小，原始数据一般是定性的。探索性研究的结果一般作为进一步研究的开始。

2. 设计调查问卷初稿

设计调查问卷初稿是一个相当复杂的工作。问卷设计者需要根据调查研究的目的，结合探索性研究阶段所掌握的资料，在研究假设的指引下或研究逻辑的推理下，按照问卷的结构与要求，系统地提出调查问题，设计回答方式，形成问卷初稿的书面文件。本阶段工作的核心与关键是确定调查问题和设计量表。

（1）确定调查问题。

确定调查问题的根本依据是调查研究的目的，调查研究的目的不同，问卷中设计的调查问题也会不同。同时，也要考虑调查研究的方式与方法，调查的方式与方法不同，问卷中的调查问题也会有差别。在市场调查中，调查研究的目的大致可以分为两大类：一是验证研究假设；二是描述市场特征。

以验证研究假设为目的的调查研究，可根据研究假设的命题拟定调查问题。每一个研究假设均会涉及至少两个概念，这些概念往往就是我们需要调查的问题。如在“消费者的文化差异是导致消费偏好的重要因素”这个假设中，出现了“文化差异”与“消费偏好”两个概念，这两个概念是需要通过问卷加以测度的。研究假设命题中出现的概念，有些可以直接对其进行测度，如在“消费者的年龄不同对支付手段的选择也不同”这个假设命题中，年龄这个概念可以用和年龄相关的问题来测度；支付手段这个概念可以用各种支付手段的选择意愿的问题来测度。对于研究假设命题中出现的不能直接测度的概念，就需要进行变量化处理，即将其转化为可测度的变量。如上述命题中的“文化差异”可以通过“文化程度”或“学历”来进行测度；“消费偏好”则可通过用颜色偏好、款式偏好、支付偏好、环境偏好等变量来具体测度。将需要测度的这些变量按照提问的方式表述出来，则需要调查的问题也就自然形成了。

以描述市场特征为目的的调查研究，往往不需要建立研究假设。对于不需要建立研究假设的调查，其问题的提出往往通过对研究课题的认知，在探索性研究的基础上，运用逻辑推理的方法提出问题。逻辑推理方法主要是明确研究的课题需要哪些方面的信息，每一个方面又具体包括哪些调查项目，通过层层推理，形成调查问题。比如，要研究用户满意度，根据满意度的内涵，需要从用户的期望、用户感知的质量、价值、满意度、抱怨等方面进行研究。而这些变量都是一些抽象的概念，属于潜变量，不具备直接测度的条件，研究者还要将其中的每一个潜变量分解为多个可以测度的显变量。如感知的质量可根据研究的具体商品或服务对象，分解为不同的质量属性。对于冰箱而言，感知的质量可能包括冰箱的智能化水平、制冷效果、耗电量、安全性。这些属性就是问卷设计中设置调查问题时需要考虑的。

此外，某些调查研究需要了解被调查者的背景信息，调研者就需要分析哪些背景信息是与调查研究目的相关的，将相关的背景信息筛选出来，构成问卷中需要调查的问题。假如被调查者的年龄、性别、职业、收入与我们调查研究的课题有关系，则需要将这些变量以提问的方式表述出来，这些问题就构成问卷中问题的一部分。问卷中问题的确定，也要考虑调查的方式与方法。如果调查方案中规定的是面访式问卷调查，则问卷中的问题可以适当多设置一些，而且问题也可以稍微复杂一些。如果是采用电话调查，则问卷的题量要相对少一些，提问的方式也要简单一些，以便于被调查者理解与记忆。

（2）设计量表。

问卷中确定了需要调查的问题，只是明确了调查的内容。每一个问题对应一个变量，调查结果的准确性与可靠性，取决于测度这些变量的量表选择。量表的选择要根据问题的特点、属性、复杂程度、敏感程度以及对调查数据的计量层次要求来决定。

量表按其功能与特点可以划分为多种。问卷设计者应该全面了解各种不同量表的功能与特点，在设计量表时科学合理地选择量表。只有将调查问题与相应的量表匹配起来，才可能形成调查问卷。

3. 问卷的试用和修改

由于受问卷设计人员理论水平、实际经验、对研究对象的了解程度等因素的限制，设计出来的问卷初稿不一定就是完美的。在问卷正式使用前，需要对问卷进行试用和修改，以提高问卷质量。

问卷的试用就是通过预调查来检验问卷的质量是否符合调查研究的要求，是否能够使被调查者愿意并方便地回答各项问题，是否能够搜集到真实、准确的数据。问卷的试用是问卷设计过程中的必要环节，对调查研究能否实现既定目标有着重要影响。通过预调查所进行的问卷试用，旨在检验问卷本身的质量，并不是对所研究的对象进行正式的调查。所以，预调查阶段一般采用小样本，而且可以是非随机样本，这一阶段任何非概率抽样方式都是适用的。根据经验，预调查的样本量以题项数量的 5~10 倍为宜。调查者可以视经费条件，确定预调查的样本量。

问卷的修改就是通过预调查完成问卷的试用后，针对问卷初稿所存在的问题，分析原因并逐一加以修改。问卷修改的内容可能包括问卷的说明词、填答问卷的要求与注意事项、问题的表述方式、问题的回答方式、问题的编排顺序、问卷的整体结构与逻辑、问卷的排版格式等。对于修改较大的问卷还需要再一次进行试用，以检查问卷是否完全达到质量要求。只有达到质量要求的问卷，才可在正式调查中使用。

六、问卷设计技术

问卷设计在很大程度上决定着问卷调查的回收率、效率、回答的真实性，甚至是整个调查研究的成败。问卷调查的质量取决于问卷设计的质量。因此，科学地设计问卷，在问卷调查中具有重要的意义。问卷设计的核心内容是问卷中变量的设计、问题的设计与答案的设计。

（一）问卷中变量的设计

问卷中变量的设计是问题设计的基础。需要调查的变量设计好了，就可以将这些调查变量转换成问卷中的一个个问题。调查变量的设计实际上是一个不断将抽象的调查课题降低抽象层次，使之具象化的操作过程。

设计调查变量可以采用三种不同的方法：

第一，采用客观存在的具体事物或数量标准作为概念的调查变量。例如，在测度

“企业规模”这个概念时，可以将企业产值、固定资产原值、职工人数、生产能力等这些客观存在的指标作为调查变量，来衡量或判断企业规模。

第二，采用可观测的市场现象或行为作为概念的调查变量。例如，在测度“消费者偏好”这个概念时，由于该概念比较抽象，因此可以将其分解为品牌选择偏好、购买场所偏好、支付方式偏好等具体的调查变量来度量消费者的偏好特征。

第三，对于难以用具体客观标准和市场现象来界定的概念，可以采用主观评价的方法设计调查变量。例如，在测度“消费者维权意识”这个概念时，由于没有具体客观的标准变量，也没有相应的能够直接度量的维权意识变量，因此只能根据被调查者对一些维权方面的法律法规或规范性文件的了解程度来测量消费者维权意识的强弱。设计的每一项关于维权的法律、法规、规范性文件的理解程度都是调查变量。

问卷中的变量设计完成后，需要将变量以提问的方式形成问卷中的问题，即要进行问题设计。

（二）问卷中问题的设计

问卷中问题的设计，就是将调查变量具体地转换成问卷中一个个问题的过程。这一过程主要是根据调查变量的属性与特点，运用合适的方式进行问题的表述。

问题设计中的用词造句是有讲究的，设计者不可以随心所欲地表述问题。问句用词造句最基本的要求就是，被调查者既要能够准确理解问句的含义，也要能够给出尽可能准确的回答。问题设计中的用词造句需要注意以下几个方面的问题：

第一，问句要通俗易懂。

设计问句时，要考虑调查对象的特征，问句的表述不能超过被调查者的理解能力。如果所设计的问卷用于大规模调查，被调查者的文化程度可能参差不齐，则问句设计的原则只能是“就低不就高”，也就是问句的表述应尽可能使文化水平较低的被调查者准确理解其意义。这就要求在问句的表述中尽可能使用通俗的、一般的词语，避免使用专有名词和专业性术语。例如，如果要调查居民对物价变动的感受，问题表述为“您认为 CPI 是否真实地反映了物价水平的综合变动?”该问句中的“CPI”是英文居民消费价格指数的缩写，是一个专有名词，有些被调查者可能不了解其含义，那么这个问句就不符合通俗易懂的要求。此时，可以将问句改为“您感觉目前的物价水平怎么样?”，这样提问就能够使大多数被调查者理解问句的含义。

第二，问句要精练简洁。

一般而言，被调查者是不乐意阅读表述过长的问句的。表述过长的问句会增加被调查者的阅读量，增加其接受调查的时间，同时也可能加大理解难度，进而影响被调查者的情绪，这对搜集调查数据是不利的。所以，在意思能够表达清楚的前提下，问句越短越好、越简单越好。例如，“奢侈品消费在一些群体中已成为一种时尚，您是否考虑在适当的时候加入奢侈品消费群体的可能性?”该问句不仅啰嗦冗长，而且语义不清，语法结构混乱不便理解。如果改为“您最近半年是否有购买奢侈品的愿望?”，此时问句就显得简洁明了，易于理解。

第三，问句要清楚明了。

问题的表述不能包含概念不清、含义模糊的词语。否则，被调查者难以准确理解问题的含义，或者难以进行准确的回答。例如，“您经常在超市购物吗?”这一问句中，使用了“经常”这个意义比较含糊不清的词语，被调查者很难把握“经常”究竟是指什么频率，不同的被调查者对“经常”的理解或感知是不一样的。两个对此问题回答“是”的被调查者，可能每月到超市购物的次数相差甚远，这样就难以准确度量人们到超市购物的频率。如果将此问题改为“您每月到超市购物有多少次?”，这样提问既便于被调查者准确理解问题的含义，也能使其给出比较准确的回答。又如“您春节是出门旅游，还是休息?”这个问句的概念表述就不清晰，被调查者很难回答。该问句中似乎将出门旅游与休息两个概念对立起来，但其实这是两个有关联意义的概念，出门旅游也是休息的一种形式。如果将此问句改为“您春节是出门旅游，还是在家休息?”就不存在概念不清的问题了，被调查者也能方便作答。

第四，问句要一题一问。

“一题一问”是指每个问句中只能提一个问题，不能存在一问多答的表述。例如，“您觉得海尔空调的价格与性能怎么样?”这一问句，就存在一问多答的问题，被调查者是难以作答的。可能有被调查者认为海尔空调价格合理但性能一般，或价格稍贵但性能较好，如果只用一个答案来回答相关联的两个问题，那么被调查者就不好作答。该问句实际上包含了两个问题，应对海尔空调的价格与性能分别进行提问。设计问句时特别要注意，一个问句只能涉及一个单一的事物。

第五，问句要尽量避免以否定形式提问。

被调查者阅读问卷时往往一扫而过，一般不会去仔细阅读，这样就容易把句子中的否定词看漏，误将否定句看成肯定句，造成答案错乱。例如，“您平时对广告不感兴趣吗?”与“您是否赞成电视节目之间不插播广告?”这两个问句均采用了否定式提问。有研究表明，被调查者对否定式提问一是感觉别扭，二是容易忽视否定词，从而给出不准确的答案，而且采用否定提问也存在一定的诱导倾向，容易造成被调查者朝着诱导性方向回答问题。上述两个问句分别改为“您平时对广告感兴趣吗?”与“您是否赞成电视节目之间插播广告?”，这样被调查者在阅读时既不感到别扭，也不会被诱导，从而会给出准确的回答。

第六，问句要尽量避免敏感性问题。

敏感性问题是指涉及被调查者隐私、被调查者回答时可能感到难堪的一类问题。如果问句中涉及敏感性问题，则一般难以获得真实的回答。例如，“您公司有过偷税的行为吗?”这一问句，就涉及敏感性问题，被调查者是不愿意或不敢做出真实回答的。

第七，问句要考虑时间性。

在调查某些具有时间属性的变量时，不可避免地会采用时间限定词。设计问句时，需要考虑时间限定的合理性。如果时间限定周期太长，容易造成被调查者回忆与回答的难度，从而影响回答结果的准确性。例如，“您去年家庭生活费支出是多少?”这个问句，时间限定周期较长，被调查者是难以进行回忆与准确回答的。如果缩短时间限定周期，改为“您上月家庭生活费支出是多少?”，那么被调查者的回忆难度就会大大降低，给出比较准确答案的可能性就会提高。问卷设计者在设计问句时，应该根据调查变量的特点，选定合适的时间限定周期。如果问卷设计者认为，问句中所设定的时间限定周期可能会对被调查者造成回忆困难，就应该缩短时间限定周期。

第八，问句的表述要有礼貌。

一般情况下，被调查者是没有义务来接受调查的，既然他能够接受调查，就应该对他的合作态度表示充分的尊重。在设计问句时要体现对被调查者的尊重，问句的表述应该礼貌谦逊。例如，“您有刷牙的习惯吗?”这一问句就存在提问不礼貌的问题：讲究个人卫生，应该是人们的一种良好习惯，如果直接询问被调查者是否有刷牙的习惯，就是对被调查者的不尊重，容易引起被调查者的反感或敌意，从而带来回答的偏差。如果将上述问题改为“您每天刷几次牙?”就不存在礼貌问题了。另外，在称谓上最好使用“您”而不使用“你”，这样能给被调查者一种被尊重的感觉，有利于提高被调查者参与调查的配合程度。

关于问题的表述有两种方式，即直接表述法与间接表述法。直接表述法也称为直接提问法，就是将调查意图与所要调查的内容直接用文字表述出来。这种调查方式能让被调查者清楚地了解所要调查的真实意图与内容。

1. 直接表述法

直接表述法有许多具体方法，如简单询问法、简单陈述法、释疑法、假定法等。

（1）简单询问法。

简单询问法举例：您在购买服装时考虑的最主要的因素是什么？

①颜色；②款式；③质地；④价格；⑤品牌；⑥产地。

此类表述方式就是简单询问法。简单询问法的表述方式简单明了，被调查者容易理解题意，设计也比较简单。但这种表述方式只适合于比较简单的问题，对于比较复杂的问题效果并不好。

（2）简单陈述法。

简单陈述法举例：请您阅读下列表格（表 1-1）中关于本酒店服务的陈述句，根据您自己的感知经历做出判断（在相应的格子中画“√”）。

表 1-1　酒店服务评价

酒店服务评价陈述	态度				
	非常同意	同意	无评价	不同意	很不同意
手续办理速度快					
房间干净整洁					
洗漱用品齐全					

此类表述方式也比较简单明了，具有简单询问法的特点，但比简单询问法效率更高。在测度被调查者的主观态度时，如果测度的项目较多，而测度的量表相同，则采用该种表述方式比较合适，这样既能节省问卷篇幅，也能方便被调查者阅读与回答。

（3）释疑法。

释疑法举例：随着社会的进步，越来越多的男士使用化妆品。您（男士）使用过男士化妆品吗？

①使用过；②未使用过。

有部分男士认为自己使用化妆品是一件不好意思的事情，在询问其是否使用过化妆品时，即便其有使用经历，也可能不如实回答。此时，在问题前面加上一句解释性文字，将有助于消除男士的回答顾虑，获得真实回答。所以，如果设计者认为所提的问题可能带有一定的敏感性，就可以考虑使用释疑法来表述问句。但在问卷设计中，这种表述方法不宜过多使用，否则会增加问卷篇幅和被调查者的阅读量，不利于被调查者的回答。

（4）假定法。

假定法举例：如果有以下工作，您将会选择哪一个？

①月薪 5 000 元，每天工作 8 小时；

②月薪 7 000 元，每天工作 10 小时；

③月薪 9 000 元，每天工作 12 小时。

采用假定法来了解被调查者的意愿和行为倾向是比较有效的，但不宜多用。假定条件毕竟不是事实，被调查者有时也很难把握自己。当假设成为现实时，其态度与行为可能会发生改变。所以，此时我们所搜集的数据不一定可靠。

2. 间接表述法

间接表述法也称为间接提问法，就是将调查的真实意图与所要调查的内容采用隐含性文字或图表表述出来，被调查者并不清楚调查者的真实意图，在此情形下，被调查者更可能就调查的问题给予真实的回答。

如：对于您试用的这款产品，有的用户认为使用方便，有的用户认为使用不方便，您同意哪种看法？①同意第一种看法；②同意第二种看法。

如：某女工在企业实行的优化组合中失去了工作。您能猜猜是什么原因使她失去了工作吗？

①人际关系不好；②工作不努力；③技术水平不高；④身体不好，经常请假；⑤没有什么特殊原因，只因她是女性。

直接表述法适合于非敏感性问题，而间接表述法则适合于敏感性问题。这是因为对被调查者来说，敏感性问题往往具有隐私性、恐惧性、难堪性，如果采取直接表述的方式，他们往往不愿意给出真实的回答。

（三）问卷中答案的设计

问题的答案是用来供被调查者选择的项目，答案呈现的方式与答案的具体内容都需要设计者进行科学的设计，以保证被调查者阅读方便、理解准确、正确选择问题的答案项目。设计问题答案时要考虑被调查者的阅读兴趣、理解能力、回答能力和回答的方便程度，应注意答案的排列顺序，灵活运用各种不同计量层次和不同形式的量表工具设计比较科学的答案选项。能够使用计量层次较高的量表工具设计问题答案，就不要使用计量层次较低的量表工具计量。层次越高的答案，对问题的度量就越精确，对其进行数据处理与分析的方法也越多，越有利于对所调查的问题进行深入的定量研究。问题的答案类型有多种，常用的主要是两项选择法、多项选择法、排序法、等级法、双向列联法、过滤法、比较法及开放式问题。

1. 两项选择法

两项选择法也称为真伪法或二分法，是指问题只有两个相互排斥和对立的答案供被调查者选择。两个答案往往表现为“是”或“否”“有”或“没有”“喜欢”或“不喜欢”等类似的答案组合。被调查者只能从中选择一项，做选择的特点是非此即彼。

如：在本年度中，您是否购买过自己使用的电冰箱?

①是；②否。

该方法简单明确，回答容易，便于统计处理和分析，但不能获得深层次的信息，适用于互相排斥的两项择一式问题和询问较为简单的事实性问题。该方法既可以独立使用，也可以作甄别之用。如果是作甄别之用，则这种询问方法后面常常紧跟着另外一个问题，目的是对某个特定的群体进行深入的调查。

2. 多项选择法

多项选择法是指针对一个问题设计了两个以上的备选答案，被调查者按规定或提示从中作选择。为了遵守穷尽原则，答案中往往会设置一个“其他”项。

多项选择法根据要求选择的答案多少不同，又有单项选择、多项选择和限制选择三种具体的选择类型。

如：促使您购买西门子冰箱的主要原因是什么（最多选三项)?

①名牌产品；②性能良好；③价格合理；④广告宣传；⑤售后服务；⑥他人推荐；⑦外观中意；⑧其他。

3. 排序法

排序法又称顺序选择法或优先顺位法，是指由被调查者根据自己的经验和认知程度、专业知识以及兴趣需要等，对多个备选答案按重要性（也可以是熟悉程度、重视程度等）排序。排序法不仅能够比较全面地了解被调查者对所调查问题的态度，还能够区别不同态度的重要性，增加了信息量，有利于对调查结果进行深入分析，但备选答案的个数不能太多，否则会增加顺位的难度与准确性。如果根据研究的需要，要求作选答案有先后顺序，就要使用排序法。

4. 等级法

等级法是将备选答案按照强度或程度分成若干等级依次排列，要求被调查者从中选择一个答案的方法。这种答案设计方法适用于了解被调查者意见、态度、感情、情绪等的强烈程度的定序问题。备选答案由表示被调查者主观意见、态度等不同等级的词汇组成，如"完全同意""基本同意""无所谓""不太同意""很不同意"。等级一般按奇数划分，可以是三级、五级甚至七级，但等级划分不能过多。如果等级过多，则被调查者难以区分相邻两个等级之间的差别，增加选择难度。从经验来看，七级以内的分等比较易于操作。等级除了可使用文字直接表达外，还可以用数字在量表上表示。

如：电视广告这种形式适用于食品、化妆品这样的生活用品，而不适用于水泥、农药这样的非生活用品，您的看法是什么？

①完全同意；②基本同意；③无所谓；④不太同意；⑤很不同意。

5. 双向列联法

双向列联法是将两类不同的问题综合在一起，通常用表格的形式来呈现。表格的横行是一种类型的问题，纵列是另一种类型的问题。双向列联法可以反映两方面因素的综合作用，提供单一类型的问题所无法提供的信息，并且可以节省问卷的篇幅。但被调查者需要较多时间的思考与填答，故在一份问卷中，此类问题不宜过多。

如：请您对下列各种媒体的广告进行评价（在相应的方格中画"√"，见表 1-2）。

表 1-2　媒体广告评价

特征描述	电视广告	报纸广告	广播广告	杂志广告
有较高的欣赏价值				
有较高的可信度				
容易给人留下深刻印象				
不感兴趣				

被调查者在选择答案时，无论在横向还是纵向上，均可以进行多项选择，也可能有弃选的情况。弃选情况的出现，只能说明答案设计存在问题，研究假设的建立缺乏

理论与事实依据。研究者在设计问卷前必须做好充分的初步探索工作。

6. 过滤法

过滤法也称条件法，是指通过一个前置问题的答案，来筛选被调查者的方法。有时研究者仅对某一类群体的信息感兴趣，就需要对调查对象进行过滤，筛选掉不需要的部分，然后针对特定群体进行提问。这时需要两个或两个以上的问题相连接，第一个问题起过滤作用，从第二个问题开始是具体的调查内容。运用过滤法设计答案时，设计者首先必须明确对于具有何种属性的被调查者需要进一步调查，要将被调查的这种属性设计在答案中。

如：研究者为了深入研究对广告感兴趣的群体，可以通过下列的设计来筛选被调查者。

Q1. 您平时对广告感兴趣吗？

①很感兴趣；②较感兴趣；③一般；④不感兴趣；⑤很不感兴趣。

如果选择①或②，请回答如下问题。

Q2. 您对广告感兴趣的原因是：

①广告给您带来商品信息；②广告带来许多新的生活观念；③广告有较高的欣赏价值；④其他。

7. 比较法

比较法是把若干可以比较的同类事物或现象，整理成两两对比的形式，要求被调查者进行两两比较，按要求选择其中一种事物或现象的方法。在市场调查中，该方法适用于对消费者的偏好进行调查。运用比较法要考虑被调查者对所要比较的事物或现象是否熟悉，否则会导致选择空项。

如：请比较下列每一对不同品牌的洗发液，哪一种您更喜欢？（每一对中只选一个，并在□内画“√”）：

□海飞丝，□潘婷；□潘婷，□飘柔；□飘柔，□威娜宝；□威娜宝，□花王

上例中共涉及五个品牌的洗发液，如果某个被调查者对其中一个品牌不熟悉，就没法进行比较，也不能做出有效选择。所以，用来配对比较的事物或现象都必须是被调查者熟悉的；否则，该方法不能被采用。

8. 开放式问题

开放式问题是指对问题的回答不提供任何具体的答案，也不规定回答的范围，由

被调查者根据自己的想法与态度自由填答。开放式问题的这种回答方式被称为自由回答法。虽然开放式问题一般不需要设计问题的答案，但被调查者必须给出答案。为了使被调查者尽可能准确地回答开放式问题，问卷设计者在设计问题时，要充分考虑被调查者回答的方便性，为其自由回答提供空间。

开放式问题的答案设计主要是设计预留给被调查者回答问题的书写空间。由于开放式问题的回答属于非标准化回答，回答内容可能千差万别，回答的篇幅可长可短，这将给事后进行数据的编码、处理与分析带来较大的麻烦，所以，对开放式问题的回答要进行适当的数量上的控制。其方法是在问题后适当预留用于填写回答内容的下划线行数。

如，您喜欢这款商品的原因是：________________________________

第二节　问卷范例模板

一、某商品消费者满意度调查

某餐饮店客户满意度调查问卷

1. 您的性别

□男　　　　□女

2. 您的年龄

□25 岁以下（含 25 岁）　　　　□26~30 岁（含 30 岁）

□31~35 岁（含 35 岁）　　　　□36~40 岁（含 40 岁）

□41~45 岁（含 45 岁）　　　　□46~50 岁（含 50 岁）

□50 岁以上（不含 50 岁）

3. 您的年收入

□50 万元以上（不含 50 万元）　　□30 万~50 万元（含 50 万元）

□20 万~30 万元（含 30 万元）　　□10 万~20 万元（含 20 万元）

□10 万元以下（含 10 万元）

4. 您所在的地区 ________________

5. 您对我们的菜品质量满意吗？

□满意　□基本满意　□一般　□不太满意　□不满意

6. 您对我们的上菜速度满意吗？

□满意　□基本满意　□一般　□不太满意　□不满意

7. ____

8. ____

9. ____

10. 其他意见 ____________________

感谢您在百忙之中给我们提出宝贵意见，我们将不断提升产品质量和服务态度，期待您的再次光临！

二、某商品销售影响因素分析

消费者购买电脑影响因素调查问卷

为了更好地了解客户对手机消费的需求，更好地为大众服务，希望您在百忙之中抽出一点时间协助我们完成此问卷。您的回答能为我们提供重要数据，谢谢您的支持！

1. 您的性别

□男　　□女

2. 您的年龄

□25 岁以下（含 25 岁）　　□26~30 岁（含 30 岁）

□31~35 岁（含 35 岁）　　□36~40 岁（含 40 岁）

□41~45 岁（含 45 岁）　　□46~50 岁（含 50 岁）

□50 岁以上（不含 50 岁）

3. 您的年收入

□50 万元以上（不含 50 万元）　　□30 万～50 万元（含 50 万元）

□20 万～30 万元（含 30 万元）　　□10 万～20 万元（含 20 万元）

□10 万元以下（含 10 万元）　　□学生或失业，暂无收入

4. 您所在的地区 ______________

5. 您现阶段处于什么状态？

□学生党　□上班族　□失业　□退休　□其他

6. 电脑在您生活中充当的角色是什么？

□时刻不离身　□可有可无　□完全没有必要

7. 您最近一次更换电脑是因为什么？

□出现质量问题　□追求新款

□手机出现划痕不美观　□功能太少　□其他

8. 在电脑使用过程中，您使用较多的功能是什么？

□娱乐　□看电子书　□相关工作 App

□通讯交流　□购物　□其他

9. 您购买电脑的价位是什么？

□2 000 元以下（含 2 000 元）　　□2 001～3 000 元（含 3 000 元）

□3 001～5 000 元（含 5 000 元）　　□5 000 元以上（不含 5 000 元）

10. 您购买电脑时，以下哪个因素会影响您的购买决定？

□购买环境　□线下体验　□服务态度　□品牌　□价格

11. ______________________________

12. ______________________________

13. ______________________________

14. 其他意见______________

三、某商品消费者购买渠道影响因素分析

消费者购买手机渠道选择影响因素调查问卷

1. 您的性别

□男　　□女

2. 您的年龄

□25 岁以下（含 25 岁）　　□26~30 岁（含 30 岁）

□31~35 岁（含 35 岁）　　□36~40 岁（含 40 岁）

□41~45 岁（含 45 岁）　　□46~50 岁（含 50 岁）

□50 岁以上（不含 50 岁）

3. 您的年收入

□50 万元以上（不含 50 万元）　　□30 万~50 万元（含 50 万元）

□20 万~30 万元（含 30 万元）　　□10 万~20 万元（含 20 万元）

□10 万元以下（含 10 万元）　　□学生或失业，暂无收入

4. 您所在的地区 ______________

5. 您现阶段处于什么状态？

□学生党　　□上班族　　□失业　　□退休　　□其他

6. 您更偏向在哪里购买手机？

□手机专卖店　　□大型商场　　□网店　　□移动通讯商　　□其他

7. 您购买手机时，以下哪个因素会影响您的购买决定？

□购买环境　　□手机体验　　□服务态度　　□手机品牌　　□手机价格

8. 在网购手机时，以下哪个因素会影响您的购买决定？

□在线服务态度　　□售后保障支付方式　　□物流速度

□手机价格　　□手机品牌　　□其他

9. ____

10. ____

11. ____

12. 其他意见______________

【实验】请根据所学内容设计一份调查问卷。

××××调查问卷

姓名：　　　　班级：　　　　学号：　　　　得分：

第三章

贸易行为数据处理

统计数据采集的方法是指采集第一手数据的方法，即调查者向被调查者取得调查资料的方法。常用的方法有直接观察法、采访法、网络调查法和试验调查设计等。

一手数据（primary data）也称为原始数据，原始数据是通过访谈、询问、问卷、测定等方式直截了当获得的，通过搜集一手数据可以解决特定问题。

二手数据（secondary data）是相对于原始数据而言的，指那些并非为正在进行的研究而是为其余目的已经收集好的统计资料。与原始数据相比，二手数据具有取得速度快、成本低、易获取、能进一步为原始数据的收集奠定基础等优点。

二手数据是为某些目的而不是眼前的问题所收集的数据。原始数据则是针对眼前的研究问题这一特定目的由研究人员收集的。二手数据包括商业和政府机构、营销研究公司和计算机数据库提供的信息。二手数据可以低成本、快捷地提供背景信息。二手数据的优点有：二手数据有助于迅速解决调研人员面临的问题，可以节省时间、降低成本；二手数据有助于规范问题的表达形式，指明调查的方法，提供解决问题所需的其他数据；二手数据可以帮助调研人员了解如何去接近调研对象，了解调研对象在市场所处的位置，并以此作为同其他数据比较的基础。

二手数据用途广泛，很少有不包含二手数据的市场调研项目。有些项目甚至完全以二手数据为基础。二手数据适用范围很广，从预测某种“生活方式”的显著变化到诸如为一个新的洗车店选址之类的具体问题。一家名为“决策分析家”的市场调研公司建立了一个专业二手数据网站。该网站建议的二手数据用途包括：经济走势预测、公司情报、国际数据、公众民意，以及历史数据等。市场营销人员对于人口学方面的二手数据尤其感兴趣，这些数据可以帮助他们预测新兴市场的容量。通过二手数据，调研人员几乎可以知晓任何一个地区的人口及人口增长率。政府机构愿意运用二手数据制定公共政策。有时二手数据可被用来评估市场表现。例如，在美国，由于每加仑（1 加仑≈3.79 升）汽油燃料的征税额都有公共记录可查，因此汽油产品的市场人员能够很容易获知国家的汽油消耗量。关于二手数据用途的文章数不胜数，对于那些想深入研究某一主题而又缺乏相关一手经验的市场人员，可以充分利用二手数据。关于生活方式的二手数据极其丰富，包括不同人群的购买习惯。

第一节 贸易行为数据描述性统计

在对贸易数据分析的时候，一般首先要对数据进行描述性统计分析（descriptive analysis），以发现其内在的规律，再选择进一步分析的方法。描述性统计分析要对调查总体所有变量的有关数据做统计性描述，主要包括数据的频数分析、数据的集中趋势分析、数据离散程度分析、数据的分布，以及一些基本的统计图形，常用的指标有均值、方差、标准差、众数等。

描述性统计指标大致可分为三类：集中趋势指标、离散趋势指标和分布形态指标。

一、集中趋势指标

（一）众数

众数是指出现次数最多的那个变量值。

比如有一组数据：一个班学生的分数分别为60、70、70、80、90、100，其中除了70分出现了两次，其他分值都只出现一次，那么70分就是出现次数最多了，也就是众数为70。

不过关于众数还会出现下面的情况：

有的数据中会没有众数或者存在多个众数。

（1）没有众数。比如这组数据，一个班学生的分数分别为：50、60、70、80、90、100，它们每个分数值都只出现一次，这种情况的数据就没有众数。

（2）有多个众数。比如一个班学生的分数分别为：50、60、60、70、80、80、90、100，其中60分和80分这两个值都出现了两次，它们哪个是众数呢？那就是它们两个都是众数。

所以你要在一组数据中找众数，可能会碰到三种情况：①没有众数；②一个众数；③两个或多个众数。它不像平均值，对一组数据求平均值，就可以得到唯一的一个值，这是众数的一个特点——不唯一性。

（二）平均数

平均数又称均值，是最常用的一个数据代表值，平均数既可以描述一组数据本身的整体平均情况，也可以用来作为不同组数据比较的一个标准。

根据样本数据的不同格式，这里介绍两种常见的算术平均数的计算方法，一种是简单算术平均数，另一种是加权算术平均数。

我们都知道在进行数据分析时，通常有两种数据格式。一种是常规格式（非加权格式），另外一种是加权数据格式。分别说明如下：

1. 常规数据格式→简单算术平均数

第一种常规数据格式（非加权格式），一行代表一个样本，如果有 100 个样本即为 100 行；一列代表一个属性；这类格式最为常见，而且此类数据格式可以做任何的分析。因为其携带着所有最原始的数据信息。常规数据格式如表 3-1 所示。

表 3-1　常规数据格式

样本编号	性别	年龄	…
1	1	24	…
2	2	22	…
3	1	21	…
…	2	25	…
100	2	28	…

此时使用简单算术平均数计算，公式如下：

$$M = \frac{X_1 + X_2 + \cdots + X_n}{n}$$

这就是我们小学学的计算平均值的方法，把要算的这组数据的每个数相加，然后除以样本数。

2. 加权数据格式→加权算术平均数

比如收集 100 个样本，最终男性 40 名，女性 60 名，录入的数据为汇总统计数据，单独一列（或多列）表示各类别的样本数量，如表 3-2 所示。

表 3-2　加权数据格式

性别	数量（加权）
1	40
2	60

这种数据格式就不是原始的数据，而是经过分组整理了，此时使用加权算术平均数计算，公式如下：

$$M = \frac{X_1 \times f_1 + X_2 \times f_2 + \cdots + X_k \times f_k}{f_1 + f_2 + \cdots + f_k}$$

从上式可以看出，平均值的计算与样本的每一个数值都有关，所以比较有代表性，但这是在数据没有极端值的情况下。如果出现极端值，平均数就有可能不足以代表大多数样本个案的性质。

比如，一个班的五位学生考试成绩分别为：10、70、80、90、100。

根据数据格式，算一下它的算术平均值：

M（5 位学生）＝（10+70+80+90+100）/5＝70

这五位学生的算术平均值是 70 分，观察原始数据，有四位学生的分数大于或等于 70 分，只有一位学生的分数低于 70 分，因此，用 70 分来代表这组数据的集中情形是不恰当的。再观察原始数据，是 10 这个极端值，一下拉低了整个平均分，所以我们去掉这个 10 分的考试成绩再算一下剩下四位学生的算术平均值：

M（四位学生）＝（70+80+90+100）/4＝85

85 分就可以比较好地代表 4 位学生的集中趋势了，两位同学分数低于 85，两位高于 85 分。

（三）中位数

中位数是样本数据升序排列后的最中间的数值，如果数据偏离较大，则一般用中位数描述整体水平情况。

中位数的计算分为两种情况：

（1）当数据个数为奇数时，中位数即最中间的数，如果有 N 个数，则中间数的位置为$(N+1)/2$。

比如，一个班的5位学生的成绩分别为：30、70、40、50、80，中位数是什么呢?

第一，先把这五个分数从小到大排序：30、40、50、70、80。

第二，算出中位数应该在排序后的数列中的位置：(5+1）/2=3。

第三，中位数就正好是处在第三个位置的分数值，即50。

(2）当数据个数为偶数时，中位数为中间两个数的平均值，中间位置的算法是 $(N+1)/2$。

比如，一个班有六位学生，考试成绩分别是：30、70、80、40、90、60，中位数是什么呢?

第一，先把这五个分数从小到大排序：30、40、60、70、80、90。

第二，算出中位数应该在排序后的数列中的位置：(6+1)/2=3.5。

第三，因为位置必须是整数，但现在是小数，所以为了公平，把在3.5左右两个位置（第三位和第四位）都拿出来。取两个位置的分数值的平均值作为中位数：(60+70）/2=65。

从中位数的计算方法可以看出，它和每个数据的位置有关系，所以如果有极端值出现，无论是特别大或特别小的极端值，都会因为对所有样本数据排序的这个动作，而被排列到某个数列的两端去。它不会有机会被排序到中间位置，而中位数是最中间位置的数，所以极端值不会影响到中位数，这样当有极端值出现，我们无法用平均值很好地描述数据情况时，就可以使用中位数。

二、离散趋势指标

(一）极差（全距)

极差的计算很简单，极差等于最大值减最小值，因为计算简单，概念清晰，所以应用比较广泛。

比如，有一组同龄男孩的身高（单位：厘米）分别为：90、95、100、105、110，算出极差。

①首先找出最大值和最小值：90、110。

②极差等于最大值减去最小值：110-90=20。

极差易受极端值影响。既然极差这个值是由一组数据中的最大值和最小值来确定的，那么相应地就需要考虑以下问题，即数据的最大值和最小值是不是正常数据?算下来的极差对分析数据的离散特征是不是有意义的？假如数据存在极端值，极差会受到影响。

（二）四分位数

把全部数据从小到大排列并分成四等份，处于三个分割点位置的数值，即为四分位数，如图 3-1 所示。

上四分位数（数据从小到大排列排在 75%位置的数字，即最大的四分位数）；

下四分位数（数据从小到大排列排在 25%位置的数字，即最小的四分位数）；

中间的四分位数即为中位数。

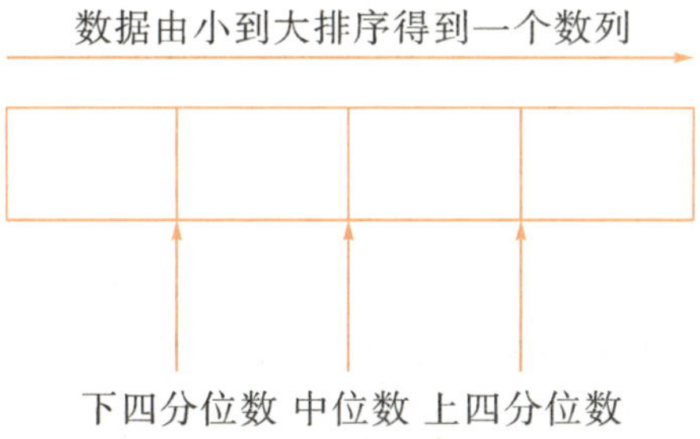

图 3-1　**四分位数**

四分位数可以很容易地识别异常值，多应用于统计图中的箱线图绘制，箱线图就是根据四分位数做的图。

四分位数和中位数的计算方法一样，不同的是中位数要找的是位于排序数列被分为两半后最中间的数，四分位数要找的是数据被分为四段，从左到右在 1/4 处的数和从右到左在 1/4 处的数。

（三）方差与标准差

方差是每个数据值与全体数据的平均数差的平方的平均数。标准差是对方差开方的值。方差与标准差反映一组数据的平均离散水平。方差小，表示数据集比较集中，波动性小；方差大，表示数据集比较分散，波动性大。

方差计算公式如下：

样本值　平均数

方差

$$\sigma^2=\frac{\Sigma(X-\mu)^2}{N} \quad \text{（式 3-3）}$$

样本量

标准差是方差的正平方根：

$$\sigma = \sqrt{\sigma^2} \qquad \text{（式 3-）4}$$

如：一组数据为 2、5、8。计算方差和标准差。

先求平均数：（2+5+8）/3=5

然后求方差：把数据带入方差公式。

$$\sigma^2 = \frac{(2-5)^2 + (5-5)^2 + (8-5)^2}{3} = 6$$

求标准差：给方差开平方。

$$\sigma = \sqrt{\sigma^2} = \sqrt{\frac{(2-5)^2 + (5-5)^2 + (8-5)^2}{3}} \approx 2.449$$

（四）变异系数

变异系数，也叫离散系数，是标准差和平均值的比值。变异系数用于观察指标单位不同时，如身高与体重的变异程度的比较，或均数相差较大时，如儿童身高与成人身高变异程度的比较。变异系数大，说明数据的离散程度大。

变异系数计算公式如下：

标准差

$$CV = \frac{S}{x} \times 100\% \qquad \text{（式 3-5）}$$

变异系数

平均数

如：某地 7 岁男孩身高的均数为 123.1 厘米，标准差为 4.71 厘米；体重均数为 22.92 千克，标准差为 2.26 千克，此处不能因为 4.71>2.26，就说身高的变异比体重要大，而要考虑到两者的单位不同，无法直接比较，故采用变异系数来解决这类问题，它实质上是一个相对变异指标，无单位。

上述 7 岁男孩身高、体重的变异系数分别为

身高：CV=（4.71÷123.10）×100%≈3.83%

体重：CV=（2.26÷22.29）×100%≈10.14%

可得到 7 岁男孩身高比体重的变异小的结论。

三、分布形态指标

（一）峰度

峰度是描述正态分布中曲线峰顶尖哨程度的指标。峰度系数>0，则两侧极端数据较少，比正态分布更高更瘦，呈尖哨峰分布；峰度系数<0，则两侧极端数据较多，比正态分布更矮更胖，呈平阔峰分布。

（二）偏度

偏度是以正态分布为标准描述数据对称性的指标。偏度系数=0，则分布对称；偏度系数>0，则频数分布的高峰向左偏移，长尾向右延伸，呈正偏态分布；偏度系数<0，则频数分布的高峰向右偏移，长尾向左延伸，呈负偏态分布。

四、操作

下面通过实例一起来学习一下吧。（同样你可以用 SPSS、SAS 等软件进行解决。）

（1）做描述性统计分析的前部工作就是缺失值的填充（首先保证数据的有效性），之后还需要做一下正态性的检验，在这里我们只学习用 Excel 如何进行描述统计分析的部分，如图 3-2 所示。

	A	B	C	D	E	F	G
1	月份	U盘	内存条	读卡器	硬盘		
2	1	107	41	96	41		
3	2	105	44	98	65		
4	3	96	65	121	47		
5	4	125	61	101	47		
6	5	121	59	113	62		
7	6	94	50	92	44		
8	7	114	58	118	44		
9	8	110	52	93	43		
10	9	115	41	94	59		
11	10	100	51	102	59		
12	11	114	48	99	58		
13	12	123	58	116	52		
14							

图 3-2 使用 Excel 进行描述统计分析

（2）首先判断数据的异常值，比如，空值、最大值太大、最小值太小，还有数据类型是否一致等，在这里不作强调。

（3）点击【数据】选项卡，找到【数据分析】，如果没有，请按照【文件】→【选项】→【加载宏】→【加载项】的顺序进行加载勾选，如图 3-3 至图 3-6 所示。

图 3-3　实验操作步骤（1）

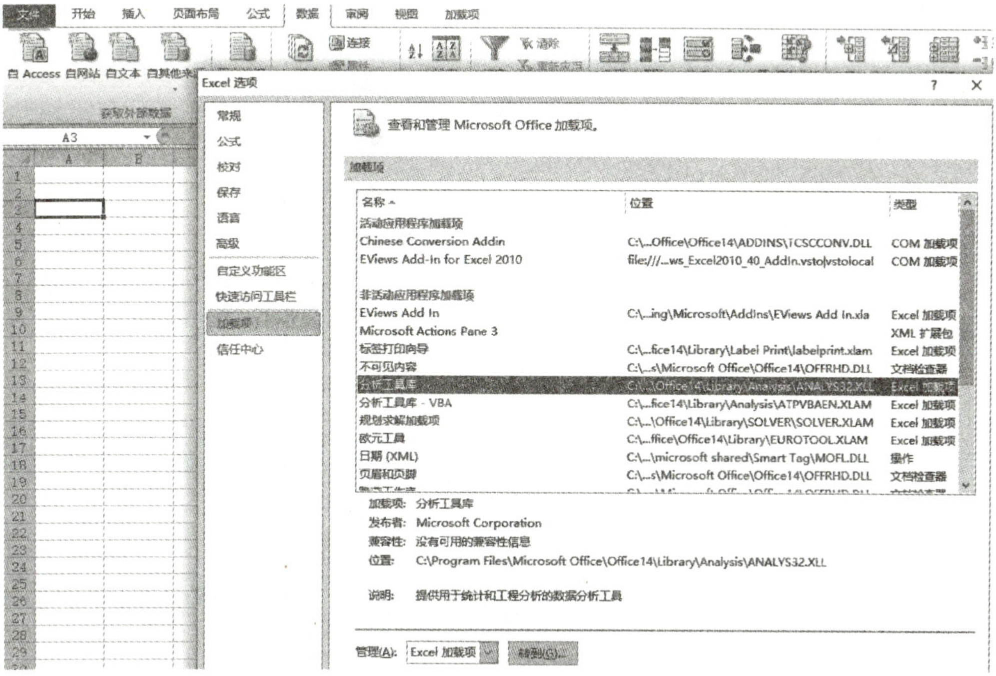

图 3-4　实验操作步骤（2）

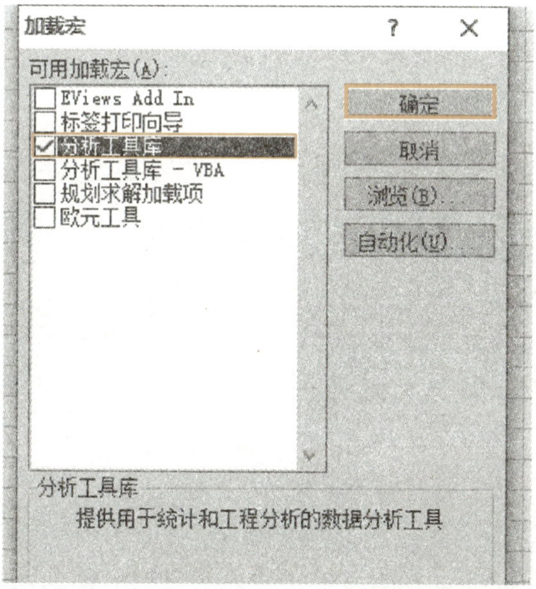

图 3-5　实验操作步骤（3）

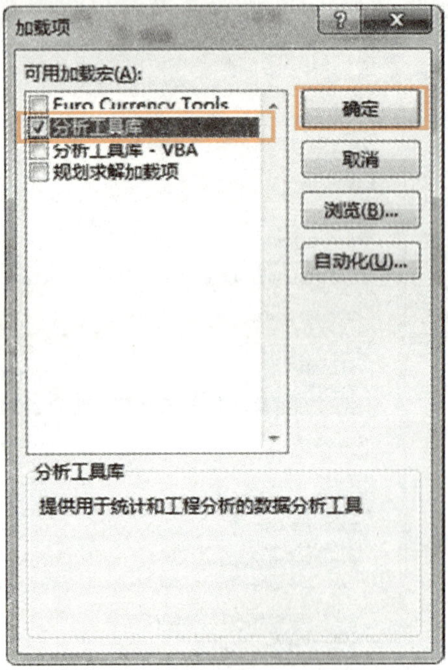

图 3-6　实验操作步骤（4）

（4）选择【数据分析】，找到【描述统计】选项，进行选择，具体选择样式，请见图 3-7、图 3-8。

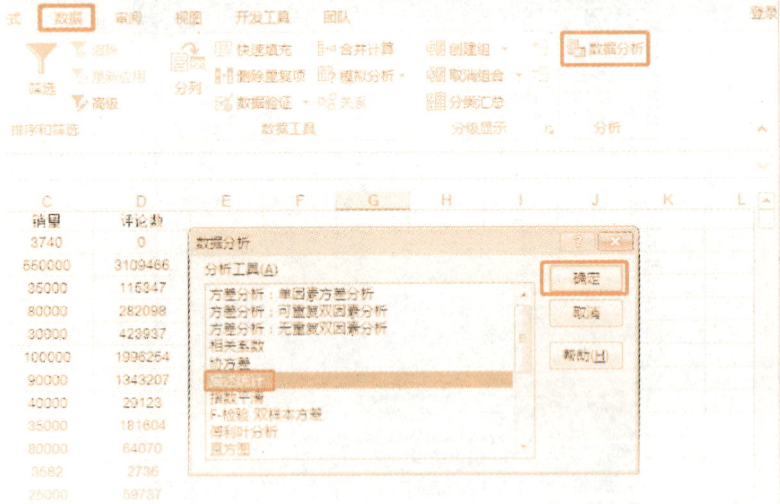

图 3-7　实验操作步骤（5）

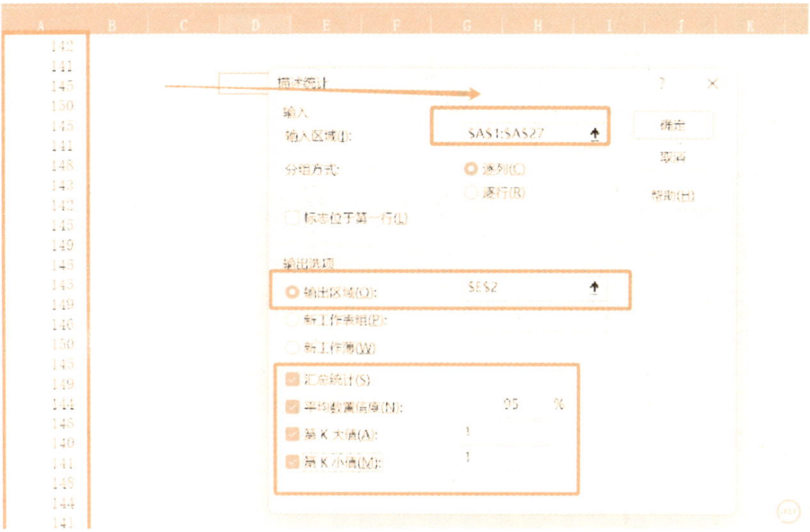

图 3-8　实验操作步骤（6）

（5）填写完成后，点击确定即可，得到想要的结果，最终结果如图 3-9 所示。需要说明的是，你选择一项（一列/一行）数据进行分析都是可以的。

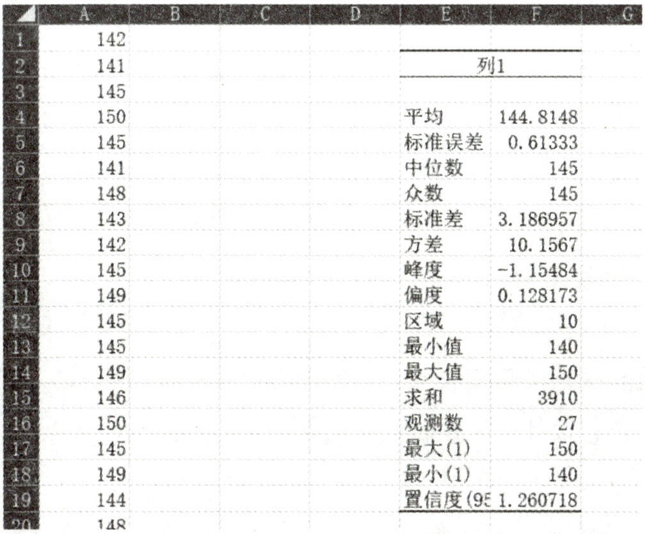

	A	B	C	D	E	F	G
1	142						
2	141				列1		
3	145						
4	150				平均	144.8148	
5	145				标准误差	0.61333	
6	141				中位数	145	
7	148				众数	145	
8	143				标准差	3.186957	
9	142				方差	10.1567	
10	145				峰度	-1.15484	
11	149				偏度	0.128173	
12	145				区域	10	
13	145				最小值	140	
14	149				最大值	150	
15	146				求和	3910	
16	150				观测数	27	
17	145				最大(1)	150	
18	149				最小(1)	140	
19	144				置信度(95	1.260718	
20	148						

图 3-9　实验操作步骤（7）

（6）最后得出了基本的结果，但还需要进一步检验，这个需要运用统计学的概念性公式的知识，可以自己学习其他的经验。

第二节 贸易行为数据处理函数

一、函数和公式

（一）什么是函数

Excel 函数即预先定义，执行计算、分析等处理数据任务的特殊公式。以常用的求和函数 SUM 为例，它的语法是“SUM（number1，number2,)”，其中“SUM”是函数名称，一个函数只有唯一的一个名称，它决定了函数的功能和用途。函数名称后紧跟左括号，接着是用逗号分隔的称为参数的内容，最后用一个右括号表示函数结束。参数是函数中最复杂的组成部分，它规定了函数的运算对象、顺序或结构等，使得用户可以对某个单元格或区域进行处理，如分析存款利息、确定成绩名次、计算三角函数值等。按照函数的来源，Excel 函数可以分为内置函数和扩展函数两大类。前者只要启动了 Excel，用户就可以使用它们；而后者必须通过单击“工具→加载宏”菜单命令加载，然后才能像内置函数那样使用。

（二）什么是公式

函数与公式既有区别又互相联系。如果说前者是 Excel 预先定义好的特殊公式，那么后者就是由用户自行设计对工作表进行计算和处理的公式。以公式“=SUM(E1:H1)*A1+26”为例，它要以“=”开始，其内部可以包括函数、引用、运算符和常量。上式中的“SUM(E1:H1)”是函数，“A1”是对单元格 A1 的引用（使用其中存储的数据），“26”是常量，“*”和“+”则是算术运算符（另外还有比较运算符、文本运算符和引用运算符）。如果函数要以公式的形式出现，那么它必须有两个组成部分，一个是函数名称前面的等号，另一个则是函数本身。

二、函数的参数

（一）常量

常量是直接输入单元格或公式中的数字或文本，或由名称所代表的数字或文本值，例如数字“2890.56”、日期“20××-8-19”和文本“黎明”都是常量。但是公式或由公式计算出的结果都不是常量，因为只要公式的参数发生了变化，它自身或计算出来的结果就会发生变化。

（二）逻辑值

逻辑值是比较特殊的一类参数，它只有 TRUE（真）或 FALSE（假）两种类型。例如在公式“=IF(A3=0,"",A2/A3)”中，“A3=0”就是一个可以返回 TRUE（真）或 FALSE（假）两种结果的参数。当“A3=0”为 TRUE（真）时在公式所在单元格中填入“0”，否则在单元格中填入“A2/A3”的计算结果。

（三）数组

数组用于可产生多个结果，或可以对存放在行和列中的一组参数进行计算的公式。Excel 中有常量和区域两类数组。前者放在“{}”（按下 Ctrl+Shift+Enter 组合键自动生成）内部，而且内部各列的数值要用“,”隔开，各行的数值要用“;”隔开。假如你要表示第 1 行中的 56、78、89 和第 2 行中的 90、76、80，就应该建立一个 2 行 3 列的常量数组“{56,78,89;90,76,80}”。区域数组是一个矩形的单元格区域，该区域中的单元格共用一个公式。例如，公式“=TREND(B1:B3,A1:A3)”作为数组公式使用时，它所引用的矩形单元格区域“B1:B3,A1:A3”就是一个区域数组。

（四）错误值

使用错误值作为参数的主要是信息函数，例如“ERROR. TYPE”函数就是以错误值作为参数。它的语法为“ERROR. TYPE（error_val）”，如果其中的参数是#NUM!，则返回数值“6”。

（五）单元格引用

单元格引用是函数中最常见的参数，引用的目的在于标识工作表单元格或单元格区域，并指明公式或函数所使用的数据的位置，便于它们使用工作表各处的数据，或者在多个函数中使用同一个单元格的数据。单元格引用还可以引用同一工作簿不同工作表的单元格，甚至引用其他工作簿中的数据。根据公式所在单元格的位置发生变化时，单元格引用的变化情况，我们可以将引用分为相对引用、绝对引用和混合引用三种类型。以存放在 F2 单元格中的公式“=SUM(A2:E2)”为例，当公式由 F2 单元格复制到 F3 单元格以后，公式中的引用也会变化为“=SUM(A3:E3)”。若公式自 F 列向下继续复制，“行标”每增加 1 行，公式中的行标也自动加 1。如果上述公式改为“=SUM($A$3:$E$3)”，则无论公式复制到何处，其引用的位置始终是“A3:E3”区域。混合引用有“绝对列和相对行”“绝对行和相对列”两种形式。前者如“=SUM($A3:$E3)”，后者如“=SUM(A$3:E$3)”。上面的几个实例引用的都是同一工作表中的数据，如果要分析同一工作簿中多张工作表上的数据，就要使用三维引用。假如公式放在工作表 Sheet1 的 C6 单元格，要引用工作表 Sheet2 的“A1:A6”和 Sheet3 的“B2:B9”区域进行求和运算，则公式中的引用形式为“=SUM(Sheet2! A1:A6, Sheet3! B2:B9)”。也就是说三维引用中不仅包含单元格或区域引用，还要在前面加上带“!”的工作表名称。假如你要引用的数据来自另一个工作簿，如工作簿 Book1 中的 SUM 函数要绝对引用工作簿 Book2 中的数据，其公式为“=SUM([Book2]Sheet1! SA S1: SA S8,[Book2]Sheet2! SB S1: SB S9)”，也就是在原来单元格引用的前面加上“[Book2] Sheet1!”。放在中括号里面的是工作簿名称，带“!”的则是其中的工作表名称。跨工作簿引用单元格或区域时，引用对象的前面必须用“!”作为工作表分隔符，再用中括号作为工作簿分隔符。不过三维引用要受到较多的限制，例如不能使用数组公式等。

提示：上面介绍的是 Excel 默认的引用方式，称为“A1 引用样式”。如果你要计算处在“宏”内的行和列，那么必须使用“R1C1 引用样式”。在这种引用样式中，Excel 使用“R”加“行标”和“C”加“列标”的方法指示单元格位置。启用或关闭“R1C1 引用样式”必须单击“工具→选项”菜单命令，打开对话框的“常规”选项卡，选中或清除“设置”下的“R1C1 引用样式”选项。由于这种引用样式很少使用，限于篇幅，本书不做进一步介绍。

（六）嵌套函数

除了上面介绍的情况外，函数也可以是嵌套的，即一个函数是另一个函数的参数，例如“=IF(OR(RIGHTB(E2,1)="1",RIGHTB(E2,1)="3",RIGHTB(E2,1)="5",RIGHTB(E2,1)="7", RIGHTB(E2,1)="9"),"男","女")”。其中公式中的 IF 函数使用了嵌套的 RIGHTB 函数，并将后者返回的结果作为 IF 的逻辑判断依据。

（七）名称和标志

为了更加直观地标识单元格或单元格区域，我们可以给它们赋予一个名称，从而在公式或函数中直接引用。例如，“B2:B46”区域中显示了学生的物理成绩，求解平均分的公式一般是“=AVERAGE(B2:B46)”。在将 B2:B46 区域命名为“物理分数”以后，该公式就可以变为“=AVERAGE(物理分数)”，从而使公式变得更加直观。给一个单元格或区域命名的方法是：选中要命名的单元格或单元格区域，鼠标单击编辑栏顶端的“名称框”，在其中输入名称后点回车；也可以选中要命名的单元格或单元格区域，单击“插入→名称→定义”菜单命令，在打开的“定义名称”对话框中输入名称后确定即可。如果你要删除已经命名的区域，那么可以按相同方法打开“定义名称”对话框，选中你要删除的名称删除即可。

Excel 工作表多数带有“列标志”。例如，一张成绩统计表的首行通常带有“序号”“姓名”“数学”“物理”等“列标志”（也可以称为字段），如果单击“工具→选项”菜单命令，在打开的对话框中单击“重新计算”选项卡，选中“工作簿选项”选项组中的“接受公式标志”选项，那么公式就可以直接引用“列标志”了。例如“B2:B46”区域中显示了学生的物理成绩，而 B1 单元格已经输入了“物理”字样，则求物理平均分的公式可以写成“=AVERAGE（物理)”。需要特别说明的是，创建好的名称可以被所有工作表引用，而且引用时不需要在名称前面添加工作表名（这就是使用名称的主要优点），因此名称引用实际上是一种绝对引用。公式引用“列标志”时的限制较多，它只能在当前数据列的下方引用，不能跨越工作表引用，但是引用“列标志”的公式在一定条件下可以复制。从本质上讲，名称和标志都是单元格引用的一种方式。因为它们不是文本，使用时名称和标志都不能添加引号。

三、函数输入方法

对 Excel 公式而言，函数是其中的主要组成部分，因此公式输入可以归结为函数输入的问题。

（一）“插入函数”对话框

“插入函数”对话框是 Excel 输入公式的重要工具，以公式“=SUM(Sheet2! A1:A6,Sheet3! B2:B9)”为例，Excel 输入该公式的具体过程是：首先选中存放计算结果（需要应用公式）的单元格，单击编辑栏（或工具栏）中的“fx”按钮，则表示公式开始的“=”出现在单元格和编辑栏，然后在打开的“插入函数”对话框中的“选择函数”列表找到“SUM”函数。如果你需要的函数不在里面，则可以打开“或选择类别”下拉列表进行选择。最后单击“确定”按钮，打开“函数参数”对话框。对 SUM 函数而言，它可以使用从 number1 开始直到 number30 共 30 个参数。对上面的公式来说，首先应当把光标放在对话框的“number1”框中，单击工作簿中的“Sheet2!”工作表标签，“Sheet2!”即可自动进入其中，用鼠标拖动选中你要引用的区域即可。接着用鼠标单击对话框的“number2”框，单击工作簿中的“Sheet3!”工作表标签，其名称“Sheet3!”即可自动进入其中，再按相同方法选择要引用的单元格区域即可。上述方法的最大优点就是引用的区域很准确，特别是三维引用时不容易产生工作表或工作簿名称输入错误的问题。

（二）编辑栏输入

如果你要套用某个现成公式，或者输入一些嵌套关系复杂的公式，则利用编辑栏输入更加快捷。首先，选中存放计算结果的单元格；其次，鼠标单击 Excel 编辑栏，按照公式的组成顺序依次输入各个部分，公式输入完毕后，单击编辑栏中的“输入”（“√”）按钮（或回车）即可。手工输入时同样可以采取上面介绍的方法引用区域，以公式“=SUM(Sheet2! A1:A6,Sheet3! B2:B9)”为例，你可以先在编辑栏中输入“=SUM()”，然后将光标插入括号中间，再按上面介绍的方法操作就可以引用输入公式了。但是分隔引用之间的逗号必须用手工输入，而不能像“插入函数”对话框那样自动添加。

第三节 贸易行为数据标准化处理

我们在进行研究时，通常会收集大量不同的指标变量，每个指标的性质、量纲、数量级等特征，均存在一定的差异。针对涉及多个不同指标综合起来的评价模型，由于各个指标的属性不同，因此无法直接在不同指标之间进行比较和综合。

例如，假设各个指标之间的水平相差很大时，直接使用原始指标进行分析，数值较大的指标，在评价模型中的绝对作用就会显得较为突出和重要，而数值较小的指标，其作用则可能就会显得微不足道。

因此，为了统一比较的标准，保证结果的可靠性，我们在分析数据之前，需要对原始变量进行一定的处理，即我们本期内容将向大家介绍数据的标准化处理，将原始数据转化为无量纲、无数量级差异的标准化数值，消除不同指标之间因属性不同而带来的影响，从而使结果更具有可比性。

一、数据标准化

数据的标准化，是通过一定的数学变换方式，将原始数据按照一定的比例进行转换，使之落入一个小的特定区间内，例如 0~1 或-1~1 的区间内，消除不同变量之间性质、量纲、数量级等特征属性的差异，将其转化为一个无量纲的相对数值，也就是标准化数值，使各指标的数值都处于同一个数量级别上，从而便于不同单位或数量级的指标能够进行综合分析和比较。

二、数据标准化处理的类型

数据标准化处理主要包括指标一致化处理和无量纲化处理两种类型。

（一）指标一致化处理

指标一致化处理，主要解决的是数据之间不同性质的问题。例如，我们在评价多个不同指标的作用时，某一类指标数值越大越好，我们称之为正指标，例如诊断符合率、病床平均周转次数等指标；另一类指标，数值越小越好，我们称之为逆指标，例如平均住院日、围产期婴儿死亡率等指标。

在这种情况下，如果同时评价这两类指标的综合作用，由于他们的作用方向不同，将不同性质的指标作用直接相加，并不能正确反映综合结果，此时我们就需要对逆指标进行一致化处理，改变逆指标的性质和作用方向，使所有指标作用方向一致化，从而得出适宜的结果。

针对逆指标一致化处理的方法主要有两种：

（1）倒数一致化，即对原始数据取倒数，$X' = 1/x(x > 0)$。

（2）减法一致化，即利用该指标允许范围内的一个上界值（M），依次减去每一个原始数据，$X' = M - x$。

注意：倒数一致化常常会改变原始数据的分散程度，这种改变会夸大或缩小原始数据的实际差异，该差异对于数据综合评价是不利的。而减法一致化则不改变数据的分散程度，因此结果较倒数一致化而言会更加稳定。

（二）无量纲化处理

数据无量纲化处理，主要解决数据之间可比性的问题，这也是我们对数据进行标准化处理的最主要的一个目的。

在实际的应用中，由于不同变量自身的量纲不同，数量级存在较大差异，因此在进行综合评价时，不同变量所占的作用比重也会有所不同。例如，某个变量的数值范围在 1~10，而另一个变量的数值范围在 100~1 000，此时若进行综合评价，从数值的角度，很有可能数值变化范围大的变量，它的绝对作用就会较大，所占的比重也较大。

因此，为了消除量纲、变量自身变异和数值大小的影响，比较不同变量之间的相对作用，就需要对数据进行无量纲化处理，将其转化为无量纲的纯数值来进行评价和比较。

三、常用的数据标准化方法

（一）极差标准化法

极差标准化法，是消除变量量纲和变异范围影响最简单的方法。

具体的操作方法为：首先需要找出该指标的最大值（Xmax）和最小值（Xmin），并计算极差（$R=X\text{max}-X\text{min}$），然后用该变量的每一个观察值（$X$）减去最小值（$X$min），再除以极差（$R$），即

$$X'=(X-X\text{min})/(X\text{max}-X\text{min})$$

经过极差标准化方法处理后，无论原始数据是正值还是负值，该变量各个观察值的数值变化范围都满足 $0\leqslant X'\leqslant1$，并且正指标、逆指标均可转化为正向指标，作用方向一致。但是如果有新数据加入，则可能会导致最大值（Xmax）和最小值（Xmin）发生变化，就需要进行重新定义，并重新计算极差（R）。

（二）Z-score 标准化法

当我们遇到某个指标的最大值和最小值未知的情况时，或者有超出取值范围的离群数值的时候，就不再适合计算极差了，此时我们可以采用另一种数据标准化最常用的方法，即 Z-score 标准化法，也叫标准差标准化法。

首先，需要计算该指标的均值（$\bar{x}$）和标准差（SD）；其次，用该变量的每一个观察值（x）减去均值（$\bar{x}$），再除以标准差（SD），即

$$X'=(x-\bar{x})/SD \qquad (式 3-6)$$

经过 Z-score 标准化后，数据将符合标准正态分布，即将有约一半观察值的数值小于 0，另一半观察值的数值大于 0，变量的均值为 0，标准差为 1，变化范围为 $-1\leqslant X'\leqslant1$。

（三）线性比例标准化法

1. 极大化法

对于正指标，取该指标的最大值 Xmax，然后用该变量的每一个观察值除以最大

值：$X'=X/X\text{max}$。$(X\geqslant 0)$

2. 极小化法

对于逆指标，取该指标的最小值 $X\text{min}$，然后用该变量的最小值除以每一个观察值：$X' = X\text{min}/X$。$(X>0)$

注意：以上两种方法不适用于 $X<0$ 的情况。逆向指标使用线性比例法进行标准化后，实际上是进行了非线性的变换，变换后的指标无法客观地反映原始指标的相互关系，转换时需要注意。

（四）log 函数标准化法

首先，对该变量的每一个观察值取以 10 为底的 log 值；其次，再除以该指标最大值（$X\text{max}$）的 log 值：

$$X'=\log10X/\log10\ X\text{max}$$

注意：此方法要求 $X\geqslant 1$。

（五）反正切函数标准化法

通过三角函数中的反正切函数（arctan）也可以实现数据的标准化转换，计算方法如下：

$$X' = \arctan(X)\times 2/\pi$$

注意：如果原始数据为正、负实数，则标准化后的数据区间为 $-1\leqslant X'\leqslant 1$；如果要得到 $0\leqslant X'\leqslant 1$ 区间，则原始数据应该保证 $X\geqslant 0$。

当然，数据标准化的处理还有其他方法，但是最常用的还是前两种：极差标准化法和 Z-score 标准化法。

第四节　贸易行为数据可视化处理

一、数据可视化作用

（一）展示和传递信息

数据可视化可以对繁杂的原生态信息进行收集、归纳、分类和分析，从中提炼出最有用的部分，并以准确、生动、令人愉悦的形式展示出来，让人们从中获得启示。

（二）数据挖掘

数据可视化可以从海量、多维、高速运转的数据海洋中，通过计算机手段进行可视化分析，进而提取关键信息，并寻找关联性。

二、数据可视化工具

（一）入门级：人生若只如初见

Excel：常用的入门工具。普及率高，但图形样式有限，非专业水平工具。

（二）在线工具：众里寻他千百度

Google Chart API：只提供动态图标，功能完备，并且 Google 风格浓郁。

Flot：线框图表库，支持几乎所有主流的浏览器。

Raphael：创建图表和图形的 JavaScript 库，可生成矢量格式，分辨率高。

D3：能够提供大量除线性图和条形图之外的复杂式样，但效果花哨，应当注意保持简约。

（三）互动图形用户界面控制：春江水暖鸭先知

Crossfilter：当调整图表中的输入范围时，相关图表的数据也会随之改变。

Tangle：模糊了内容与控制之间的界限，读者可以调整输入值获得相应数据。

（四）地图工具：溯洄从之，道阻且长

Modest Maps：最小的可用地图库，主要负责提供一些基本的地图功能。

Leaflet：小型化、轻量化的地图框架，主要满足移动网页的需要。

OpenLayers：可靠性很高，并且能够提供一些其他地图库没有的特殊工具。

（五）专家级：独上高楼，望尽天涯路

R：拥有强大的社区和组件库，而且还在持续不断更新，绝对物超所值。

Weka：想成为数据科学家的必备工具，可将数据可视化扩展到数据挖掘领域。

三、数据集可视化的基本流程

大多数人面临这样一个挑战：我们认识到数据可视化的必要性，但缺乏数据可视化方面的专业技能。部分原因可以归结于，数据可视化只是数据分析过程中的一个环节，数据分析师可能将精力花在获取数据、清洗整理数据、分析数据、建立模型等环节，但在最终的展示沟通上力不从心。

实际上，只要掌握了可视化的技能，我们的工作就更容易受到领导的认可。

可视化工具包括但不限于，Tableau，Excel，PowerBI，Python，R。

一个完整的数据可视化过程，主要包括以下四个步骤，如图 3-10 所示。

（1）确定数据可视化的主题。

（2）提炼可视化主题的数据。

（3）根据数据关系确定图表。

（4）进行可视化布局及设计。

数据关系与图表如图 3-11 所示。

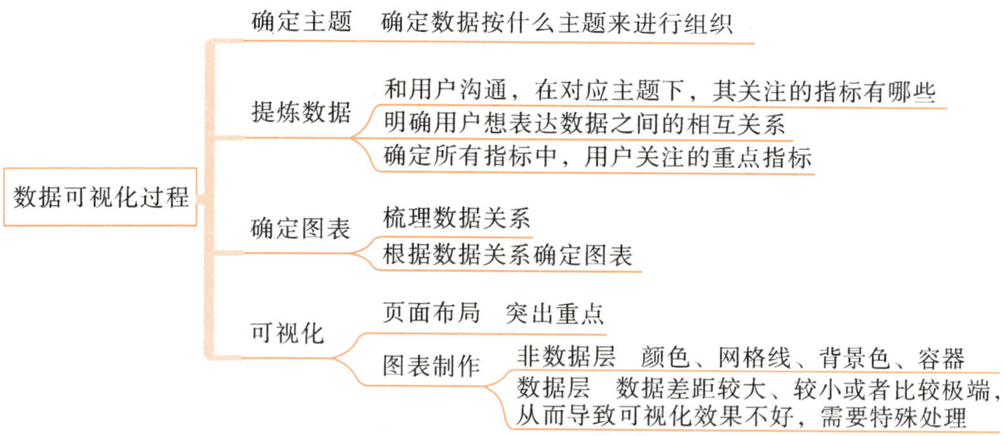

图 3-10　数据可视化过程

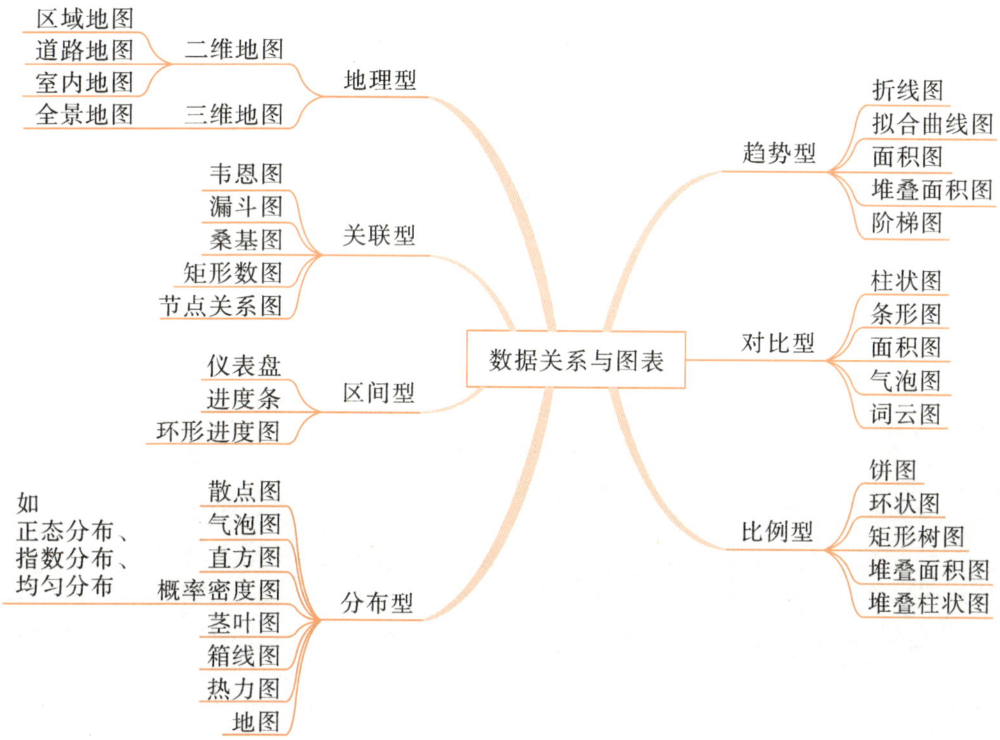

图 3-11　数据关系与图表

第四章

贸易行为评价分析

第一节 绪论

一、综合评价

评价是针对多个对象具有的属性进行比较，并通过主观或客观的度量方法，对被评价对象进行择优的过程。

综合评价是指对被评价对象进行某种层面或某种角度的评估，是在考虑评价目的的基础上，通过测定或衡量被评价对象的某个或某些属性，来综合评估其在某一时间节点或某一时间段内的性能、业绩、功能或效能等。

综合评价在经济、社会、科技、教育、管理与工程实践等领域中的重要性主要体现在以下几个方面：

（1）综合评价是深刻理解和客观认识被评价事件的重要手段。综合评价既可以在被评价事件发生前对其预期产生的风险、效益等结果进行全面深刻的预估，也可以在被评价事件发生过程中和发生后对其已完成的预期目标、产生的效果进行客观公正的现实测量。

（2）综合评价是对被评价对象进行排序和优选的决策基础。在多目标决策和多属性决策问题中，需要通过综合评价对全部被评价对象在现在或将来的某一时间节点或某一时间段内的性能、业绩或效能等进行综合评判，根据评判的结果对全部被评价对象进行排序和优选。

（3）综合评价是改善实践过程、优化管理措施的关键支撑。综合评价可以帮助管理者或者决策者发现和找出影响被评价对象最终评价结果的关键因素，管理者或决策者可以依此制定或优化相关管理措施对评价事件的实践过程进行改善，以提高管理实践的效果。

（4）综合评价是实施奖惩等管理行为的重要依据。在管理实践中，根据被评价对象在评价事件中“表现”出的结果对其实施奖励或惩罚等管理行为是一项重要的活动，综合评价可以为这类管理行为提供重要的事实依据，确保管理的科学性和有效性。鉴于综合评价在经济、社会、科技、教育、管理与工程实践等领域中的重要性，学术界和实践界展开了大量的理论和实践研究。

综合来看，这些研究主要集中在七个方面：①评价目的与流程的确定与设计；②指标体系的构建；③指标权重的确定；④数据的获取与处理；⑤评价信息的融合；⑥评价结果的运用；⑦综合评价的实践应用。

二、目前常见的综合评价方法

综合评价方法是综合评价的核心问题，是获取综合评价结论的重要途径和工具。目前，国内外一些常用的比较经典的方法，大概可以分为定性评价方法、定量评价方法、基于统计分析的评价方法、基于目标规划模型的评价方法以及多方法融合的评价方法五类。

（一）定性评价方法

定性评价方法是评价者根据对被评价对象的观察和分析，通过哲学思辨和逻辑分析，运用语言或文字来描述事件、现象和问题，并对被评价对象的特征进行信息分析和处理的一种评价方法。常用的定性评价方法有专家会议法、直接评分法和德尔菲法等。定性评价方法的特点是充分利用评价者（专家）的知识、经验、直觉或偏好直接对被评价对象做出定性结论的价值判断，比如评价等级、评价分值或评价次序等。这类评价方法在战略层次的决策、难以量化的对象系统或对评价的精度要求不是很高的对象系统中较常用。

（二）定量评价方法

定量评价方法是评价者围绕被评价对象的特征，利用数据或语言等基础信息对被评价对象进行综合分析和处理并获取评价结果的方法。在系统评价时，不仅要处理结构化、可定量等确定性因素和信息，而且要处理大量非结构化、语言型、模糊、随机、灰色、贫数据等不确定性因素和信息。为了处理这些确定性和不确定性信息，产生了如层次分析法、模糊数学方法、灰色关联分析法、证据推理方法、可拓综合评价方法、熵权法、人工神经网络分析法等定量评价方法。

（三）基于统计分析的评价方法

基于统计分析的评价方法也属于定量评价方法，之所以将这类方法单列出来，是因为这类方法具有很强的统计学背景。前面介绍过，综合评价最早可能起源于统计应用，早期的简单加权思想就是典型的基于统计分析的评价方法。经过发展，基于统计分析的评价方法常用的有主成分分析法、因子分析法、聚类分析法等。基于统计分析的评价方法主要是利用相关变量之间的相关性或相似性来进行排序，其特点是需要大量的统计数据作为支撑，该类方法比较适宜用于经济分析和统计分析中。

（四）基于目标规划模型的评价方法

基于目标规划模型的评价方法，主要是基于多目标决策和多属性决策的思想，利用运筹学中的目标规划模型，对评价方案进行择优。常用的方法有 ELECTRE 方法、数据包络分析法、TOPSIS 法等。这类方法比较适合于多目标和多属性决策领域。

（五）多方法融合的评价方法

多方法融合的评价方法是指利用不同评价方法在处理指标构建、指标赋权或评价信息上的不同特点和优势，将多个不同的评价方法同时运用于一个综合评价问题中，以提高综合评价的质量。它主要包括组合赋权方法、组合评价方法（特指对多个不同评价方法获取的评价值的组合）、多个信息集成方法的融合方法，以及基于赋权方法和信息集成方法的融合方法。

三、综合评价指数

综合评价指数是将评价结果数量化的一种技术处理，它将多指标进行综合评价，最后形成概括性的一个指数，通过指数比较达到评价的目的。所以说，综合评价指数是指数理论与方法在其他领域的进一步发展和应用。

综合评价指数的基础是单项指标，由于不同的单项指标通常不能直接进行加减乘除的运算，因此需要将数据处理技术与指数分析方法结合起来。构建综合评价指数的具体方法有很多，不同构建方法会带来不同的结果，但构建指数的原理是相同的。

构建综合评价指数一般需要如下步骤：

（一）建立综合评价指标体系

建立的指标体系是否科学与合理，直接关系到评价结果的科学性和准确性。应先进行必要的定性研究，对所研究的问题进行深入的分析，尽量选择具有一定综合意义的代表性指标。研究结果显示，采用适当的统计方法，如运用多元统计的方法进行指标的筛选，可以提高指标的客观性。

（二）评价指标的无量纲化处理

由于综合评价需要运用由多个指标组成的指数体系，而这些指标的性质不同，计量单位不同，具有不同的量纲，因此需要对各指标的实际数据进行无量纲化处理，使之具有可比性，在此基础上才有可能进行综合。

（三）确定各项评价指标的权重

这是一项重要而又容易引起争议的工作。对于不同的指标，不同的人从不同的角度审视，会有不同的看法和评价，所以在综合评价中如何确定各项指标的权重，一直是学术界讨论的问题。简单地说，确定评价指标的权重有两类方法：一类是主观确定权数，该类方法可以采用多种方式，但其共同特征是由有关专家通过研究讨论决定，特点是可以集中专家集体智慧，工作效率比较高，但很难找到客观的评价标准。另一类是客观确定权数，该类方法也有许多不同的实现方法，但其共同特征是权数由实际数据确定。例如，经济指标的权数可以是该指标反映的现象的结果（如产值）占总体（总产值）的比重。也有一些研究采用专门的统计方法，通过模型或其他计算方式产生权数。这类方法的特点是依据数据，客观性更强，但有时难以反映评价的导向性。因为综合评价是有目标性的，提倡什么、强调什么、鼓励什么、突出什么，都可以通过权数反映出来。

（四）计算综合评价指数

有了各项指标的无量纲化处理结果，有了各项指标的权重，采用适当的方法，就可以得到综合评价指数。当然，综合评价指数的计算并不是最终目的，指数只是一个综合性的描述，重要的是要对这个结果进行深入分析，这样综合评价才有意义，这就是进一步的统计分析问题了。

第二节 贸易行为综合评价指标体系构建及预处理方法

在综合评价问题中，指标选择、指标一致化以及指标无量纲化对于提升综合评价结果的精确度具有十分重要的作用。由于指标的形式具有多样性，因此需要运用数学方法将指标数值均转化为正向的数值型指标；由于指标的单位各不相同，因此需要运用数理模型对数值进行无量纲化处理。评价问题中所运用的指标数据只有先经过上述多重处理，再运用于评价模型中，才能得到更加科学合理的结果。

指标的选择是否合理能够直接影响评价结果，那么怎样判断指标是否科学合理？判断依据主要有如下三点：第一，指标必须能够充分反映被评价对象的真实属性；第二，指标之间的相关度不能过高，通常采用相关系数来度量，两个指标之间的相关系数不能超过 0.5；第三，指标的选择应该相对全面，指标越全面，其所能反映的被评价对象的属性也就越全面，越能够获得更加精确的评价结果。一般而言，考虑到数据的可获取性以及尽量降低评价的难度，指标的选择只要相对全面即可。

指标的数据主要有正向型、逆向型、居中型和区间型四种类型，数据类型的差异将导致评价结果出现较大偏差甚至错误。通常通过指标的一致化处理将其他类型的指标统一转化为正向型指标。指标数据的单位和数量级一般具有较大差异，为了消除它们的影响，通常需要对数据进行无量纲化处理。

一、评价指标体系的构建原则

评价指标体系是进行综合评价的基本工具，因此在进行综合评价前需要确定评价指标体系。构建出科学的评价指标体系是系统综合评价的基础，它由评价指标集的识别和指标体系递阶结构的构建两部分组成。评价指标选取合理与否直接决定着评价结果科学与否。指标应该具有严格的科学分类，各项指标相互联系，在进行综合评价时其功能又可以互补。评价指标体系是由多项相互联系、相互作用的评价指标按照一定层次结构组成的有机整体。只有合理的评价指标体系才有可能得到科学的综合评价结论。

针对不同的研究问题，评价指标的构建会有不同的要求。但是一般而言，评价指标体系的建立需要遵循以下原则：

（1）简洁性原则。指标宜少不宜多，宜简不宜繁，在于其在评价过程中所起的作用。

（2）独立性原则。指标要内涵明确，且相对独立。指标之间不相互重叠，且不存在因果关系，对隐含的相关性要以适当方法消除。指标设置要有层次、有重点，以降低计算工作量。

（3）代表性原则。指标应具有代表性，要能很好地反映研究对象某方面的特性，且在众多反映该方面特性的指标中具有代表意义。

（4）可行性原则。指标数据能够根据客观的方法测量获得，即具有稳定的数据来源，且易于操作。

（5）全面性原则。所选指标能够全面系统地反映被评价对象的综合水平，从不同角度反映目标要求，从而保证综合评价的全面性和可信度。

二、常用指标一致化方法及特点

一般而言，在对备选方案进行综合评价之前，要对评价指标进行一致化处理。部分指标是正向型指标，部分指标是逆向型指标，部分指标是定量指标，部分指标是定性指标，指标处理要保持相同趋势化，从而保证指标之间的可对比性。对于效益型指标，属性值越大越好；对于成本型指标，属性值越小越好；对于区间型指标，属性值在某一固定区间为最好；对于定性指标，其需要经过各类处理，促使其转化成定量指标；对于定量指标，其数据类型和量纲也有所不同。为此，需要对评价指标进行归一化处理。

（一）正向型指标

正向型指标，也称为“极大型”指标，该指标取值越大越优，如收入、利润等。

由于正向型指标的评价更符合人们的思维，因此在对案例进行评价时其他类型的指标转化为正向型指标。

（二）逆向型指标

逆向型指标，也称为“极小型”指标，该指标取值越小越优，如成本、消耗等。将逆向型指标属性值 x 转化为正向型指标，公式如下：

$$x^* = M - x \text{ 或 } x^* = \frac{1}{x}(x > 0)$$

其中，M 为指标的一个允许上界。

（三）居中型指标

居中型指标，也称为“适中型”指标，该指标既不是越大越优，也不是越小越优，而是越集中越优。将居中型指标属性值 x 转化为正向型指标，公式如下：

$$x^* = \begin{cases} 2(x - m), & m \leqslant x \leqslant \dfrac{M + m}{2} \\ 2(M - x), & \dfrac{M + m}{2} \leqslant x \leqslant M \end{cases}$$

其中，M 和 m 分别为指标 x 的允许上、下界。

（四）区间型指标

区间型指标，该类指标与上述三类指标均不相同，其最优值是在某一区间内，即只要指标数值处于该区间就为最优，由之前的点值最优变为区间最优。将区间型指标属性值 x 转化为正向型指标，公式如下：

$$x^* = \begin{cases} 1 - \dfrac{q_1 - x}{\max\{q_1 - m, M - q_2\}}, & x < q_1 \\ 1, & x \in [q_1, q_2] \\ 1 - \dfrac{x - q_2}{\max\{q_1 - m, M - q_2\}}, & x > q_2 \end{cases}$$

其中，$[q_1, q_2]$ 为指标的最佳稳定区间，M 和 m 分别为指标 x 的允许上、下界。

【实验】在每一个多属性综合评价问题中，方案组共有六个方案 $O = \{o_1, o_2, \cdots, o_6\}$，每个方案均有八项评价指标 $X = \{x_1, x_2, \cdots, x_8\}$，其中 x_1 和 x_2 为正向型指标，x_3 和 x_4 为逆向型指标，x_5 和 x_6 为居中型指标，x_7 和 x_8 为区间型指标。经过调研和专家评价，获得上述六个方案的八项指标的数值如表 4-1 所示，请运用上述四种一致化方法对指标进行处理。

表 4-1 评价指标数据

指标	o_1	o_2	o_3	o_4	o_5	o_6
x_1	6	4	9	3	8	8
x_2	50	63	79	82	68	91
x_3	41	95	77	63	82	79
x_4	7	6	8	4	6	8
x_5	43	38	69	81	56	75
x_6	68	72	46	89	73	59
x_7	86	81	73	59	68	52
x_8	89	43	83	75	68	87

注：指标 x_3 和 x_4 的允许上界分别为 100 和 10；指标 x_5 和 x_6 的允许上、下界区间分别为［30，90］和［40，90］；指标 x_7 和 x_8 的允许上、下界区间分别为［50，90］和［40，90］，且最佳区间分别为［65，85］和［40，70］。

1. 逆向型指标 x_3 和 x_4 的正向化处理

逆向型指标 x_3 和 x_4 的正向化处理如表 4-2 所示。

表 4-2 逆向型指标正向化处理结果

方法	指标	o_1	o_2	o_3	o_4	o_5	o_6
界限值方法	x_3						
	x_4						
求倒数方法	x_3						
	x_4						

2. 居中型指标 x_5 和 x_6 的正向化处理

居中型指标 x_5 和 x_6 的正向化处理如表 4-3 所示。

表 4-3 居中型指标正向化处理结果

指标	o_1	o_2	o_3	o_4	o_5	o_6
x_5						
x_6						

3. 区间型指标 x_7 和 x_8 的正向化处理

区间型指标 x_7 和 x_8 的正向化处理如表 4-4 所示。

表 4-4 区间型指标正向化处理结果

方案指标	o_1	o_2	o_3	o_4	o_5	o_6
x_7						
x_8						

三、常用现行无量纲化方法及特点

通常指标的无量纲化，也称为指标的指标化或者规范化。在多指标评价或决策问题研究中，各个评价指标的单位、量纲和数量级的不同会在不同程度上影响评价或决策的结果，甚至造成评价或决策失误。为了统一各指标的评判标准，我们必须对所选指标进行无量纲化处理，将决策矩阵中的评价指标值转化为无量纲、无数量级差异的标准化数据值，再运用相关决策模型进行科学决策。一般情况下，常用来消除原始指标量纲影响的数学变换方法主要有以下六种。

设某评价系统中，$x_{ij}(i=1,\ 2,\ \cdots,\ m)$ 表示第 i 个被评价单元在第 j 项指标上的观测值。如果没有特殊说明，则本节所分析的指标 x_{ij} 都是极大型指标，x_{ij}^* 都是经过无量纲化处理后的标准观测值，运用以下六种方法进行指标的无量纲化处理。

（一）标准化处理法

标准化处理法的计算公式如下：

$$x_{ij}^* = \frac{x_{ij} - \bar{x}_j}{s_j}$$

式中，$\bar{x}_j$，$s_j(j=1,\ 2,\ \cdots,\ m)$ 分别为第 j 项指标观测值的（样本）平均值和标准差。

特点：样本均值为 0，方差为 1；处理后的指标数值区间无法确定，其最大值和最小值不同；本方法对于指标值恒定（$s_j=0$）的情况不适用；对于要求指标值 $x_{ij}^*>0$ 的评价方法（如几何加权平均法和熵值法等）也不适用。

（二）极值处理法

极值处理法的计算公式如下：

$$x_{ij}^{*} = \frac{x_{ij} - m_j}{M_j - m_j}$$

式中，$M_j = \max\{x_{ij}\}$，$m_j = \min\{x_{ij}\}$（下述各式相同）。

特点：$x_{ij}^{*} \in [0, 1]$，最大值为1，最小值为0，不适用于指标恒定的情况（分母为0）。

（三）线性比例法

线性比例法的计算公式如下：

$$x_{ij}^{*} = \frac{x_{ij}}{x'_j}$$

式中，x'_j 为一个取定的特殊点，一般可取为 m_j，M_j 或者 $\bar{x}_j$ 等。

特点：要求满足条件 $x'_j > 0$。当 $x'_j = m_j > 0$ 时，$x_{ij}^{*} \in [1, \infty)$，有最小值1，无固定的最大值；当 $x'_j = M_j > 0$ 时，$x_{ij}^{*} \in (0, 1]$，有最大值1，无固定的最小值；当 $x'_j = \bar{x}_j > 0$ 时，$x_{ij}^{*} \in (-\infty, +\infty)$，取值范围不固定，$\sum_{i=1}^{n} x_{ij}^{*} = n$。

（四）归一化处理法

归一化处理法的计算公式如下：

$$x_{ij}^{*} = \frac{x_{ij}}{\sum_{i=1}^{n} x_{ij}}$$

特点：该方法可以看作线性比例法的一种特殊情况，要求 $\sum_{i=1}^{n} x_{ij} > 0$。当 $x_{ij} \geqslant 0$ 时，$x_{ij}^{*} \in [0, 1]$，无固定的最大值和最小值，且 $\sum_{i=1}^{n} x_{ij}^{*} = 1$。

（五）向量规范法

向量规范法的计算公式如下：

$$x_{ij}^{*} = \frac{x_{ij}}{\sqrt{\sum_{i=1}^{n} x_{ij}^{2}}}$$

特点：当 $x_{ij} \geqslant 0$ 时，$x_{ij}^{*} \in (0, 1)$，无固定的最大值和最小值，$\sum_{i=1}^{n} x_{ij}^{*} = 1$。

（六）功效系数法

功效系数法的计算公式如下：

$$x_{ij}^{*} = c + \frac{x_{ij} - m'_j}{M'_j - m'_j} \times d$$

式中，M'_j，m'_j 分别表示指标 x_j 的满意值和不容许值，c，d 均为已知正常数（根据实际情况直接给定），c 的作用是对变换后的值进行“平移”，d 的作用是对变换后的值进行“放大”或“缩小”。

特点：功效系数法可以看作一种普通的极值处理方法，取值范围确定，最大值为 $c+d$，最小值为 c。一般情况下取 $c=60$，$d=40$。

【实验】在对某省各县级区经济实力指数进行评价时，评价者通常选取生产总值增长率（%）、生产总值（亿元）、人均生产总值（元/人）、固定资产投资总额（亿元）、财政总收入（亿元）、社会消费品零售总额（亿元）等几大评价指标，所选的指标的量纲和数量级具有较大的差异，请采用上述六种无量纲化方法分别对该省各县级区的经济实力指标进行处理，各项指标数据如表 4-5 所示。

表 4-5　某省各县级区的经济实力指标数据

县级区	生产总值增长率/%	生产总值/亿元	人均生产总值/（元/人）	固定资产投资总额/亿元	财政总收入/亿元	社会消费品零售总额/亿元
A	8.00	247.40	64 152.00	288.00	38.73	124.00
B	9.50	37.19	23 243.00	204.34	10.68	13.00
C	9.10	384.57	79 689.00	160.25	57.31	251.88
D	10.90	290.18	37 927.00	208.55	41.81	56.51
E	10.00	127.00	37 022.00	128.00	14.03	53.00
F	9.10	341.62	30 765.49	183.71	21.17	155.50
G	10.60	170.20	22 141.00	145.00	24.70	36.90
H	9.90	501.10	84 388.68	581.05	53.38	184.40
I	9.80	82.51	37 675.80	62.70	8.46	21.29
J	9.80	290.20	87 621.00	189.16	40.75	192.23
K	9.20	49.22	744 469.00	44.03	11.25	6.54
L	10.10	430.05	81 547.00	315.06	80.52	306.39
M	8.50	184.40	44 941.00	211.16	17.38	46.25
N	9.50	191.30	45 054.00	140.18	21.00	116.93
O	9.10	384.74	118 959.90	66.80	33.70	184.35

表4-5(续)

县级区	生产总值增长率/%	生产总值/亿元	人均生产总值/（元/人）	固定资产投资总额/亿元	财政总收入/亿元	社会消费品零售总额/亿元
P	9.20	213.49	25 037.00	239.38	31.80	132.28
Q	9.50	225.81	21 216.00	233.24	59.08	171.89
R	10.40	107.00	59 100.00	52.00	11.70	79.50
S	11.10	291.40	54 867.00	309.01	33.63	231.45
T	9.70	309.28	55 426.00	248.94	50.22	66.08
U	8.60	200.00	72 201.00	98.44	13.96	119.80

（1）运用标准化处理法进行无量纲化处理，得到结果如表 4-6 所示。

表 4-6　标准化处理法的无量纲化结果

县级区	生产总值增长率/%	生产总值/亿元	人均生产总值/（元/人）	固定资产投资总额/亿元	财政总收入/亿元	社会消费品零售总额/亿元
A						
B						
C						
D						
E						
F						
G						
H						
I						
J						
K						
L						
M						
N						
O						
P						
Q						
R						

表4-6（续）

县级区	生产总值增长率/%	生产总值/亿元	人均生产总值/（元/人）	固定资产投资总额/亿元	财政总收入/亿元	社会消费品零售总额/亿元
S						
T						
U						

（2）运用极值处理法进行无量纲化处理，得到结果如表 4-7 所示。

表 4-7　极值处理法的无量纲化结果

县级区	生产总值增长率/%	生产总值/亿元	人均生产总值/（元/人）	固定资产投资总额/亿元	财政总收入/亿元	社会消费品零售总额/亿元
A						
B						
C						
D						
E						
F						
G						
H						
I						
J						
K						
L						
M						
N						
O						
P						
Q						
R						
S						
T						
U						

（3）运用线性比例法（均值）进行无量纲化处理，得到结果如表 4-8 所示。

表 4-8　线性比例法（均值）的无量纲化结果

县级区	生产总值增长率/%	生产总值/亿元	人均生产总值/（元/人）	固定资产投资总额/亿元	财政总收入/亿元	社会消费品零售总额/亿元
A						
B						
C						
D						
E						
F						
G						
H						
I						
J						
K						
L						
M						
N						
O						
P						
Q						
R						
S						
T						
U						

（4）运用归一化处理法进行无量纲化处理，得到结果如表 4-9 所示。

表 4-9　归一化处理法的无量纲化结果

县级区	生产总值增长率/%	生产总值/亿元	人均生产总值/（元/人）	固定资产投资总额/亿元	财政总收入/亿元	社会消费品零售总额/亿元
A						
B						
C						
D						
E						
F						
G						
H						
I						
J						
K						
L						
M						
N						
O						
P						
Q						
R						
S						
T						
U						

（5）运用向量规范法进行无量纲化处理，得到结果如表 4-10 所示。

表 4-10　向量规范法的无量纲化结果

县级区	生产总值增长率/%	生产总值/亿元	人均生产总值/（元/人）	固定资产投资总额/亿元	财政总收入/亿元	社会消费品零售总额/亿元
A						
B						
C						
D						
E						
F						
G						
H						
I						
J						
K						
L						
M						
N						
O						
P						
Q						
R						
S						
T						
U						

（6）运用功效系数法（$c=60$，$d=40$）进行无量纲化处理，得到结果如表 4-11 所示。

表 4-11　功效系数法的无量纲化结果

县级区	生产总值增长率/%	生产总值/亿元	人均生产总值/（元/人）	固定资产投资总额/亿元	财政总收入/亿元	社会消费品零售总额/亿元
A						
B						
C						
D						
E						
F						
G						
H						
I						
J						
K						
L						
M						
N						
O						
P						
Q						
R						
S						
T						
U						

第三节　贸易行为评价指标体系赋权

指标权重是指研究对象的各个考察指标的相对重要程度和相对价值的大小以及在总体评价系统中所占比重的量化值。借助统计学原理，将每个指标的权重记为一个 0 ~ 1 的小数，将 1（100%）视为被测对象所有指标权重之和，这样每个指标对应的小数被称为“权重系数”。在任何多指标综合评价或群体评价系统中，若各评价指标之间对决策目标的重要程度发生变化，则评价结果也随之改变，合理地分配指标权重是任何评价系统都无法回避的重要环节。因此，本章将对主客观两种类型的指标赋权方法进行详细的叙述。

一、指标赋权类型

权重系数的确定方法可以依照其特点划分为最基本的两大类。

（一）主观赋权法（subjective weighting method）

某些评价系统可以直接由专家根据经验和实际情况辨别指标的重要程度。

主观赋权法是相对成熟的方法，有德尔菲法、层次分析法、特征值法、序关系分析法等。主观赋权法在很多应用背景中经常被称为“功能驱动”原理的赋权法，进一步可细分为直推型的主观赋权法和反推型的主观赋权法，两者既有联系，又相互区别。直推型的主观赋权法的赋权侧重点在于直观反映评价者对评价指标重要程度的比较，以此为基础获取权重系数，这种赋权法也被称为“指标偏好型”赋权法。直推型的主观赋权法典型的代表有特征值法和序关系分析法。反推型的主观赋权法则是从被选方案的角度出发，以结果为导向反推出权重系数。一般的理解为，将求权重的过程转化为创造条件检验结论的过程，也被称为“方案偏好型”赋权法。基于方案序偏好的赋权法和基于方案偏好强度的赋权法均是此类方法的典型代表，具体分类如表 4-12 所示。

表 4-12 主观赋权法汇总

原理	分类	典型方法	特点
功能驱动	指标偏好型	序关系分析法 特征值法	直接表达评价者的主观信息
	方案偏好型	基于方案序偏好的赋权法	突出决策者的直觉判断能力

（二）客观赋权法（objective weighting method）

在实际应用中，利用主观赋权法所确定的权重系数是否真的有意义？因为相关专家的知识、经验与偏好对其有很大程度的影响，所以为了弱化在确定权重系数时专家人为因素的影响，可选择偏重数学推理的客观赋权法。

客观赋权法区别于主观赋权法，该方法的核心思想在于“差异驱动”原理。一些评价系统，尤其是一些新兴领域尚未形成完整明确的体系，指标权重的确定侧重于测度某一评价指标对其他指标的影响能力或该指标取值的波动程度在总体指标系统中的高低，因此更有指导意义。在“差异驱动”思想的指导下，原始信息需要从客观应用背景中收集和提炼，信息处理的侧重点也相应地调整为深入剖析各指标间的相互联系及影响。各指标之间的相互影响程度或各指标所包含的信息量的大小，为权重指标的确定提供了科学的依据。按整体和局部差异可将客观赋权法划分为两类，如表 4-13 所示。

表 4-13 客观赋权法分类

原理	分类	典型方法	特点
差异驱动	整体差异型	拉开档次法 逼近理想点法	突出方案可辨识性或方案的自由竞争性原则
	局部差异型	熵值法 均方差法 极差法	突出指标可辨识性原则

评价者必须根据综合评价对象的特点以及现有的资料，以达成综合评价任务为目的而选择科学合理的赋权方法，下面给出选择赋权方法时应该遵循的三条原则：

（1）所选择的方法必须是评价者所熟悉的，这样评价者可以更便捷地得到评价结果。

（2）所选择的方法必须具有合理有效的特点，步骤简洁，可操作、实用性强。

（3）所选择的方法必须能够准确地反映出被评价对象的特点，支持评价者作出合适的选择。

二、主观赋权法

（一）层次分析法

20 世纪 70 年代初，层次分析法（analytic hierarchy process，AHP）由美国运筹学家萨蒂（Saaty）提出。层次分析法是利用线性代数中矩阵特征值的思想，分解待解决问题，将其划分成目标层、基准层和决策方案层，在分解后的不同层级内结合使用定性分析和定量分析的决策方法。

层次分析法基本操作步骤如下：

步骤 1：构建递进层次结构。递进层次结构图主要分为三个层次：目标层——决策的目的，即要实现的目标；基准层——需考虑的因素、决策准则、约束条件，即方案的属性；方案层——决策时的备选方案。

步骤 2：根据 AHP 评价尺度表（表 4-14）构造判断矩阵 $\boldsymbol{A}$。经过两两比较之后得到正互反矩阵。

表 4-14　AHP 评价尺度表

标度	含义
1	因素 x_i 与因素 x_j 同等重要
3	因素 x_i 比因素 x_j 稍微重要
5	因素 x_i 比因素 x_j 明显重要
7	因素 x_i 比因素 x_j 强烈重要
9	因素 x_i 比因素 x_j 极端重要
2，4，6，8	用于上述标准之间的折中值
倒数	因素 x_i 与因素 x_j 的比较值为 $a_{ji}=1/a_{ij}$

步骤 3：各因素权重的计算。计算权重的方法主要有和积法、方根法、幂法、最小二乘法。本节主要介绍和积法，设判断矩阵为 $\boldsymbol{A}=(a_{ij})_{n\times n}$，具体步骤如下：

1. A 矩阵中的元素按列归一化

$$\bar{a}_{ij} = a_{ij} / \sum_{i=1}^{n} a_{ij}, \ i, \ j = 1, \ 2, \ \cdots, \ n$$

2. 将归一化后矩阵的同一行元素相加

$$\tilde{w}_i = \sum_{j=1}^{n} \bar{a}_{ij}, \ i = 1, \ 2, \ \cdots, \ n$$

3. 将相加后的元素 $\tilde{w}_i$ 除以 n

$$w_i = \tilde{w}_i / n, \ i = 1, \ 2, \ \cdots, \ n$$

其对应的向量 $\boldsymbol{w} = (w_1, \ w_2, \ \cdots, \ w_n)^T$ 即为各要素的权重向量。

步骤 4：检验两两比较矩阵的一致性。

定义 4-1　若 $\lambda_{\max}$ 为 n 阶正互反矩阵 $\boldsymbol{A}$ 的最大特征根，则

$$\lambda_{\max} = \frac{1}{n} \sum_{i=1}^{n} \frac{(\boldsymbol{A} \cdot \boldsymbol{w})_i}{w_i}$$

其中，$(\boldsymbol{A} \cdot \boldsymbol{w})_i$ 表示 $\boldsymbol{A} \cdot \boldsymbol{w}$ 的第 i 个分量。

定义 4-2　若判断矩阵 $\boldsymbol{A}$ 的一致性指标为

$$\mathrm{CI} = (\lambda_{\max} - n) / (n - 1)$$

式中，$\lambda_{\max}$ 为判断矩阵 $\boldsymbol{A}$ 的最大特征根。不同标度的随机一致性指标是不同的，故引入一致性比例 CR，即

$$\mathrm{CR} = \mathrm{CI} / \mathrm{RI}$$

式中，RI 为随机一致性指标，具体值见表 4-15。当 CR=0 时，$\boldsymbol{A}$ 为完全一致性矩阵；当 CR=0.1 时，$\boldsymbol{A}$ 为满意一致性矩阵；当 CR>0.1 时，$\boldsymbol{A}$ 矩阵不具有一致性。当两两判断矩阵 $\boldsymbol{A}$ 具有满意性时，λ 稍大于矩阵阶数 n，其余特征根接近 0。

表 4-15　随机一致性指标

维数	2	3	4	5	6	7	8	9	10	11	12
RI	0	0.515	0.893	1.119	1.250	1.345	1.420	1.462	1.487	1.516	1.541

【例】某一家庭准备购置一套房产，经过初步的调查，现需对三套房产 A、B、C 进行评估与选择，选择房屋时需要考虑地理位置和交通、居住环境、房屋结构、性价比四方面因素，请运用 AHP 法进行具体分析。

（1）构建递进层次结构，如图 4-1 所示。

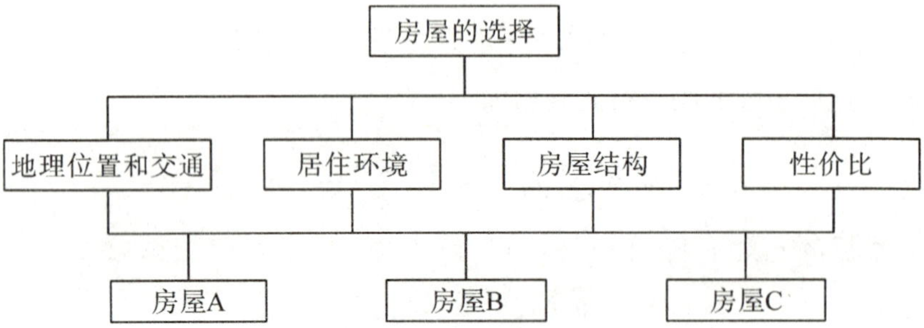

图 4-1　选择房屋的层次结构

（2）构建两两比较的判断矩阵。

根据标度参考表，建立各层次的判断矩阵 ***A***，分别见表 4-16 至表 4-19。

表 4-16　关于房屋选择的准则间的比较

考虑因素	地理位置和交通	居住环境	房屋结构	性价比
地理位置和交通	1	2	3	2
居住环境	1/2	1	1/2	1/2
房屋结构	1/3	1/2	1	1/4
性价比	1/2	2	4	1

表 4-17　关于地理位置和交通的三套房屋的比较

房屋	A	B	C
A	1	2	8
B	1/2	1	6
C	1/8	1/6	1

表 4-18　关于房屋结构的三套房屋的比较

房屋	A	B	C
A	1	1/4	1/6
B	4	1	1/3
C	6	3	1

表 4-19　关于性价比的三套房屋的比较

房屋	A	B	C
A	1	1/3	4
B	3	1	7
C	1/4	1/7	1

（3）利用和积法求取各元素权重。

首先以地理位置和交通因素的两两判断矩阵为例，分别见表 4-20 至表 4-23。

表 4-20　地理位置和交通矩阵各列求和

房屋/列总和	A	B	C
A	1	2	8
B	1/2	1	6
C	1/8	1/6	1
列总和	13/8	19/6	15

表 4-21　地理位置和交通矩阵按列归一化

房屋	A	B	C
A	8/13	12/19	8/15
B	4/13	6/19	6/15
C	1/13	1/19	1/15

表 4-22　地理位置和交通矩阵行求和

房屋	A	B	C	$\tilde{w}_i$
A	0.615	0.631	0.533	1.779
B	0.308	0.316	0.400	1.023
C	0.077	0.053	0.067	0.198

表 4-23　地理位置和交通矩阵各要素的权重

房屋	A	B	C	$\tilde{w}_i$
A	0. 615	0. 631	0. 533	0. 593
B	0. 308	0. 316	0. 400	0. 341
C	0. 077	0. 053	0. 067	0. 066

由此方法可得到各准则下三套房屋的权重，如表 4-24 所示。

表 4-24　各准则下三套房屋的权重

房屋	地理位置和交通	居住环境	房屋结构	性价比
A	0. 593	0. 123	0. 087	0. 265
B	0. 341	0. 320	0. 274	0. 655
C	0. 066	0. 557	0. 639	0. 080

通过分析按照房屋选择准则确立的两两比较矩阵，我们计算得到四种影响因素的权重向量 $\boldsymbol{A}=(0.398, 0.218, 0.085, 0.299)^T$，即地理位置和交通指标权重为 0. 398，居住环境指标权重为 0. 218，房屋结构指标权重为 0. 085，性价比指标权重为 0. 299。由此得到各层次单排序结果，如表 4-25 所示。

表 4-25　房屋选择总排序

房屋	地理位置和交通 (0. 398)	居住环境 (0. 218)	房屋结构 (0. 085)	性价比 (0. 299)	总排序 $\sum_{j=1}^{4} a_j w_{ij}$
A	0. 593	0. 123	0. 087	0. 265	0. 349
B	0. 341	0. 320	0. 274	0. 655	0. 425
C	0. 066	0. 557	0. 639	0. 080	0. 226

其中 a_j 为第 j 种影响因素的权重，w_{ij} 为第 j 种影响因素下第 i 个房屋的权重，且 $i=3$，$j=4$。则对于三种房屋选择方案 $B>A>C$。

（4）检验两两比较矩阵的一致性。

①举例计算地理位置和交通的两两比较矩阵，首先将比较矩阵乘以其特征向量，乘积所得向量被称为赋权和向量，即

$$\boldsymbol{A}\cdot\boldsymbol{w}=\begin{bmatrix}1&2&8\\1/2&1&6\\1/8&1/6&1\end{bmatrix}\times\begin{bmatrix}0.593\\0.341\\0.066\end{bmatrix}=\begin{bmatrix}0.593\\0.297\\0.074\end{bmatrix}+\begin{bmatrix}0.682\\0.341\\0.057\end{bmatrix}+\begin{bmatrix}0.528\\0.396\\0.066\end{bmatrix}=\begin{bmatrix}1.803\\1.034\\0.197\end{bmatrix}$$

②接着将得到的每个赋权和向量的每一分量分别除以各自对应的特征向量的分类，用数学一般表达式就是第 i 个赋权和向量的分量除以第 i 个特征向量的分量，即

$$\frac{(\boldsymbol{Aw})_1}{\boldsymbol{w}_1}=\frac{1.803}{0.593}=3.04$$

$$\frac{(\boldsymbol{Aw})_2}{\boldsymbol{w}_2}=\frac{1.034}{0.341}=3.032$$

$$\frac{(\boldsymbol{Aw})_3}{\boldsymbol{w}_3}=\frac{0.197}{0.066}=2.985$$

③然后计算上一步结果中的平均值，记为 $\lambda_{\max}$，即

$$\lambda_{\max}=\frac{1}{n}\sum_{i=1}^{n}\frac{(\boldsymbol{Aw})_i}{\boldsymbol{w}_i}=\frac{3.04+3.032+2.985}{3}=3.019$$

④计算一致性指标 CI，其中 n 为阶层个数，即

$$\text{CI}=\frac{\lambda_{\max}-n}{n-1}=\frac{3.019-3}{3-1}\approx 0.01$$

⑤计算一致性率 CR，其中 RI 为随机一致性指标，作为修正值，其只与因素维数相关，即

$$\text{CR}=\frac{\text{CI}}{\text{RI}}=\frac{0.01}{0.058}\approx 0.017$$

其中，由 CR=0.017<0.1，可知“地理位置和交通”指标的两两比较矩阵满足一致性要求，其求得的对应特征向量有效。

同样，计算得到居住环境、房屋结构、性价比以及四项准则的两两比较矩阵的一致性检验 CR 值，其均值 ≤ 0.1，全部满足一致性要求，即相应的特征向量都有效。

（二）序关系分析法

序关系是表示相互重要程度的一种方式。基本操作步骤如下：

步骤 1：确定序关系。

定义 4-3　若评价指标 x_i 基于某种评价准则（或目标）确定具有关系式：

$$x_1^* > x_2^* > \cdots > x_m^*,$$

则评价指标 x_1，x_2，…，x_m 之间按 > 确立了序关系。上式中 x_i^* 表示 $\{x_i\}$ 按序关系 > 确定顺序后位于第 $i(i=1, 2, \cdots, m)$ 项评价指标。

可按照下述步骤建立评价指标集 $\{x_1, x_2, \cdots, x_m\}$ 序关系。

（1）决策者在指标集 $\{x_1, x_2, \cdots, x_m\}$ 中，选出认为最重要的一个（唯一一个）指标记为 x_1^*；

（2）决策者在剩余 $m-1$ 项指标的指标集中，选出认为最重要的一个（唯一一个）指标记为 x_2^*；

…………

（k）决策者在剩余 $m-(k-1)$ 项指标的指标集中，选出认为最重要的一个（唯一一个）指标记为 x_k^*；

…………

（m）经过 m-1 次挑选剩下最后一项评价指标 x_m^*。

到此，对于指标集 $\{x_1, x_2, \cdots, x_m\}$ 就确定了一个序关系 $x_1^* > x_2^* > \cdots > x_m^*$，为方便书写，以下仍记 x_i^* 为 $x_i(i=1, 2, \cdots, m)$。

步骤 2：给出 x_{k-1} 与 x_k 间相对重要程度的比较判断。假定专家关于评价指标 x_{k-1} 和 x_k 的重要程度之比 w_{k-1}/w_k 的理性判断为

$$w_{k-1}/w_k = r_k, \quad k = m, m-1, \cdots, 3, 2$$

式中，r_k 的赋值可以参考表 4-26。

表 4-26　r_k 赋值参考表

r_k	定义
1.0	指标 x_{k-1} 与指标 x_k 同等重要
1.2	指标 x_{k-1} 比指标 x_k 稍微重要
1.4	指标 x_{k-1} 比指标 x_k 明显重要
1.6	指标 x_{k-1} 比指标 x_k 强烈重要
1.8	指标 x_{k-1} 比指标 x_k 极端重要

步骤 3：权重系数 $\boldsymbol{w}_m$ 的计算。

定义 4-4　若专家（或决策者）给定的理性赋值 r_k 满足上述条件，则权重 $\boldsymbol{w}_m$ 为

$$w_m = \left(1 + \sum_{k=2}^{m} \prod_{i=k}^{m} r_i\right)^{-1}$$

$$w_{k-1} = w_k r_k, \ k = m, \ m-1, \ \cdots, \ 3, \ 2$$

【例】设某评价问题有四项评价指标为 x_1，x_2，x_3，x_4，专家认为各项指标之间具有序关系，具体如下所示，请用序关系分析法求各指标权重系数。

$$x_2 > x_4 > x_3 > x_1 \Rightarrow x_1^* > x_2^* > x_3^* > x_4^*$$

且

$r_2 = \dfrac{w_1^*}{w_2^*} = 1.3$，$r_3 = \dfrac{w_2^*}{w_3^*} = 1.5$，$r_4 = \dfrac{w_3^*}{w_4^*} = 1.7$

因

$r_2 r_3 r_4 = 3.315$，$r_3 r_4 = 2.550$，$r_4 = 1.700$

$r_2 r_3 r_4 + r_3 r_4 + r_4 = 7.565$

所以可得

$w_4^* = (1 + 7.565)^{-1} = 0.117$

$w_3^* = w_4^* r_4 = 0.117 \times 1.7 = 0.198\ 9$

$w_2^* = w_3^* r_3 = 0.199 \times 1.5 = 0.298\ 5$

$w_1^* = w_2^* r_2 = 0.298 \times 1.3 = 0.387\ 5$

故评价指标 x_1，x_2，x_3，x_4 的权重系数为

$w_1 = w_4^* = 0.117$

$w_2 = w_1^* = 0.387\ 5$

$w_3 = w_3^* = 0.198\ 9$

$w_4 = w_2^* = 0.298\ 5$

三、客观赋权法

假设需要解决的问题有 m 项评价指标 $x = (x_1, x_2, \cdots, x_m)^T$，$n$ 个被评价对象 $o = (o_1, o_2, \cdots, o_n)^T$，并且 $x_{ij}(i=1, 2, \cdots, n; j=1, 2, \cdots, m)$ 为第 i 个被评价对象中的第 j 项指标的状态数据。下面将运用不同的客观赋权法详述确定指标权重系数的具体操作过程。

（一）突出整体差异的赋权法

1. 拉开档次法

从几何的角度看，对 n 个被评价对象的评价可以视为在由 m 项评价指标构成的 m 维评价空间中投影并比较这 n 个点。分析 n 个被评价对象评价结果的优劣，也就是将这 n 个点向空间某一维平面作投影。选择不同指标权重系数，从不同的角度反映各被评价对象之间的差异，使之尽量拉大，也可以理解为在搭建好的 m 维评价空间中搜索到一个最合适的一维空间，使得各点在此平面上的投影点尽可能分散。下面简述拉开档次法确定指标权数的基本操作步骤。

步骤 1：指标量纲一致化，即从两个方面对指标进行的预处理，可以反映取值差异和效益指标或成本指标的差异。

步骤 2：确定极大型评价指标 x_1，x_2，…，x_m 的线性函数。

$$y = w_1x_1 + w_2x_2 + \cdots + w_mx_m = w^Tx$$

式中，y 为全体被评价对象的综合评价函数，其中，$\boldsymbol{w} = (w_1, w_2, \cdots, w_m)^T$ 为 m 项评价指标的权重系数向量，$\boldsymbol{x} = (x_1, x_2, \cdots, x_m)^T$ 为各个被评价对象的状态向量。

步骤 3：将第 i 个被评价对象 o_i 的各评价指标下的状态值 x_{i1}，x_{i2}，…，x_{im} 代入上式得

$$y_i = w_1x_{i1} + w_2x_{i2} + \cdots + w_mx_{im}, \quad i = 1, 2, \cdots, n$$

若记 $\boldsymbol{y} = \begin{bmatrix} y_1 \\ y_2 \\ \vdots \\ y_n \end{bmatrix}$，$\boldsymbol{A} = \begin{bmatrix} x_{11} & x_{12} & \cdots & x_{1m} \\ x_{21} & x_{22} & \cdots & x_{2m} \\ \vdots & \vdots & & \vdots \\ x_{n1} & x_{n2} & \cdots & x_{nm} \end{bmatrix}$，则

$$\boldsymbol{y} = \boldsymbol{A} \cdot \boldsymbol{w}$$

式中，y_i 为第 i 个被评价对象 o_i 的综合评价值。

步骤 4：权重系数 $\boldsymbol{w}$ 向量的确定准则是尽可能地放大和凸显“特质”不同的系统之间的差异。即要求被测对象的综合评价函数 $\boldsymbol{w}^Tx$ 的求解结果，对于 n 个被测对象来说应尽可能分散或方差尽可能大。同时在 n 个被测对象构成样本中，综合评价值 $y = \boldsymbol{w}^Tx$ 的方差计算公式为

$$s^2 = \frac{1}{n}\sum_{i=1}^{n}(y_i - \bar{y})^2 = \frac{y^Ty}{n} - \bar{y}^2$$

步骤5：将 $y = \boldsymbol{A} \cdot \boldsymbol{w}$ 代入上式中，由于原始数据标准化处理后，求得 $\bar{y} = 0$，则可得

$$ns^2 = w^T A^T A w = w^T \boldsymbol{H} \boldsymbol{w}$$

式中，$\boldsymbol{H} = A^T A$ 为实对称矩阵。

步骤6：若 w 不加限制时，上式可取最大值，限制 $w^T w = 1$，求解以下线性规划模型

$$\max\ w^T \boldsymbol{H} \boldsymbol{w}$$

$$\text{s. t.} \begin{cases} w^T w = 1 \\ w > 0 \end{cases}$$

令矩阵 $\boldsymbol{H}$ 的最大特征值所对应的标准特征向量为 $\boldsymbol{w}$ 时，上述目标函数取得最大值。将 $\boldsymbol{w}$ 归一化，得出所求的权重系数向量 $\boldsymbol{w} = (w_1, w_2, \cdots, w_m)^T$，且 $\sum_{j=1}^{m} \boldsymbol{w}_j = 1$。

【实验】针对五项评价指标 $x = (x_1, x_2, \cdots, x_5)^T$，五个被评价对象 $o = (o_1, o_2, \cdots, o_5)^T$，评分区间为［0，10］的评价问题，请运用拉开档次法确定各指标权重，评价矩阵如表4-27所示。

表4-27 数据信息表

被评价对象	x_1	x_2	x_3	x_4	x_5
o_1	4	6	4	3	2
o_2	6	7	3	5	4
o_3	8	5	2	6	3
o_4	7	3	2	4	5
o_5	5	4	6	3	7

①一致化方法处理数据。

②规划方程求解指标权重。

③线性函数求解研究单元综合评价值。

2. 逼近理想点法

针对上述所描述的评价系统，假设有 m 项评价指标，n 个被评价对象，并且 $x_{ij}(i=1,2,\cdots,n;j=1,2,\cdots,m)$ 为第 i 被评价对象中的第 j 项指标的状态数据。假设有理想系统为 $x^*=(x_1^*,x_2^*,\cdots,x_m^*)^T$，实际被评价对象的各指标的评价值为 $x_i=(x_{i1},x_{i2},\cdots,x_{im})^T$。用逼近理想点法确定指标权重系数的基本操作步骤如下：

步骤 1：$x_i=(x_{i1},x_{i2},\cdots,x_{im})^T$ 与 x^* 间的加权距离平方和为

$$h_i=\sum_{j=1}^{m}[w_j(x_{ij}-x_j^*)]^2=\sum_{j=1}^{m}w_j^2(x_{ij}-x_j^*)^2,\ i=1,2,\cdots,n$$

步骤 2：使所有的 h_i 之和取最小值的指标权重系数为 $w_j(j=1,2,\cdots,m)$，求解以下线性规划模型。

$$\min\sum_{i=1}^{n}h_i=\sum_{i=1}^{n}\sum_{j=1}^{m}w_j^2(x_{ij}-x_j^*)^2$$

$$\text{s.t.}\begin{cases}\sum_{j=1}^{m}w_j=1\\ w_j>0,\ j=1,2,\cdots,m\end{cases}$$

步骤 3：建立 Lagrange 函数为

$$L(w_1,w_2,\cdots,w_m,\lambda)=\sum_{i=1}^{n}\sum_{j=1}^{m}w_j^2(x_{ij}-x_j^*)^2+2\lambda(w_1+w_2+\cdots+w_m-1)$$

步骤 4：分别求偏导数 $\partial L/\partial w_j$，$\partial L/\partial\lambda$，并令其为 0，得方程组。

$$\begin{cases}w_j\sum_{i=1}^{n}(x_{ij}-x_j^*)^2+\lambda=0,\ j=1,2,\cdots,m\\ \sum_{j=1}^{m}w_j=1\end{cases}$$

步骤 5：求解上式，可得指标权重系数。

$$w_j = \frac{\dfrac{1}{\sum_{i=1}^{n}(x_{ij} - x_j^*)^2}}{\sum_{j=1}^{m}\dfrac{1}{\sum_{i=1}^{n}(x_{ij} - x_j^*)^2}}$$

【实验】现有一购房问题需作出合理的决策，卖方给出四种可行方案：A，B，C，D。考虑五项相关指标 G_1，G_2，G_3，G_4，G_5，这些均为效益型指标。表 4-28 给出各方案的相应评价状态值，请用逼近理想点法确定各项指标权重。

表 4-28　各方案评价值

方案	G_1	G_2	G_3	G_4	G_5
A	30 000	100	10	7	7
B	25 000	80	8	3	5
C	18 000	50	20	5	10
D	22 000	70	12	5	9

①由于每项指标均为效益型指标，则给定理想系统为 $x^* = (320，120，40，9，14)^T$。

②采用极差法作无量纲化处理，计算并完成表 4-29。

表 4-29　无量纲化后的评价值

方案	G_1	G_2	G_3	G_4	G_5
A					
B					
C					
D					
x^*					

③按照指标权重系数公式求解各指标权重，并将结果填在下面。

$$w = (\quad,\quad,\quad,\quad,\quad)^T$$

（二）突出局部差异的赋权法

1. 熵值法

熵值法（entropy method）是通过对各项指标所能提供信息量的大小的比较来确定该指标对应权重大小的方法。熵的概念是从热力学中引入的，在信息论中，熵用来度量不确定程度，也被称为平均信息量，拥有的信息量越大，对目标的了解越全面，不确定程度越低，对应的目标的熵值越小；反之，同样成立。为了精准地度量这个不确定程度的大小，借用信息论的定义，一个信息通道所能传输的第 i 个信号的信息量 I_i 的计算公式如下：

$$I_i = -\ln p_i$$

式中，p_i 为该信号出现的概率。因此，如果一个信息通道中存在 n 个信息，每个信号出现的概率分别为 p_1，p_2，…，p_n，则这 n 个信号所携带的平均信息量，即熵为

$$-\sum_{i=1}^{n} p_i \ln p_i$$

如果针对某一确定的 j 项指标，不同被测对象的状态值 x_{ij} 之间存在很大的差异，那么此时可认为该项指标区分被测对象的能力很强，该指标包含和传输的信息量很大，即在总体评价系统中要突出该指标所占的比重。信息的增加对应着熵的减少，熵可以用来度量这种信息量的大小变化带来的差异。用熵值法确定指标权数的基本操作步骤如下：

步骤 1：计算第 j 项指标下，第 i 个被评价对象的特征比重。

$$p_{ij} = x_{ij} / \sum_{i=1}^{n} x_{ij}$$

式中，$x_{ij} > 0$，且 $\sum_{i=1}^{n} x_{ij} > 0$。

步骤 2：计算第 j 项指标的熵值。

$$e_j = -k \sum_{i=1}^{n} p_{ij} \ln p_{ij}$$

式中，$k > 0$，$e_j > 0$。如果 x_{ij} 对于给定的 j 都相等，则可得 $p_{ij} = \frac{1}{n}$，$e_j = k\ln n$。

步骤 3：计算指标 x_{ij} 的差异性系数比。

对于某一确定的指标 j，x_{ij} 之间的取值波动越小，e_j 就越大，当 x_{ij} 完全相等时，$e_j = e_{\max} = 1(k = 1/\ln n)$，此时指标 j 对于区分放置在一起的被评价对象，几乎毫无作用；当 x_{ij} 差异越大时，e_j 越小，指标 j 对被评价对象的区分作用越大，因此定义差异系数 $g_j = 1 - e_j$，g_j 越大，越需要重视该项指标的作用，该指标对应的权重也越大。

步骤 4：取定权重系数。

$$w_i = g_j / \sum_{j=1}^{m} g_j,\ j = 1,\ 2,\ \cdots,\ m$$

【实验】针对五项评价指标 $x = (x_1,\ x_2,\ \cdots,\ x_5)^T$，五个被评价对象 $o = (o_1,\ o_2,\ \cdots,\ o_5)^T$，评价区间为［0，10］的评价问题，评价矩阵如表 4-30 所示，请运用熵值法确定各指标权重。

表 4-30　评价矩阵

被评价对象	x_1	x_2	x_3	x_4	x_5
o_1	4	6	4	3	2
o_2	6	7	3	5	4
o_3	8	5	2	6	3
o_4	7	3	2	4	5
o_5	5	4	6	3	7

①计算被评价对象的特征比重 p_{ij}，则特征比重矩阵为

②计算各指标的熵值 e_j，则熵向量为

③计算指标 x_j 的差异系数 g_j，则其向量为

④确定各指标权重系数 w_j，其向量为

2. 均方差法

用均方差法确定指标权数的基本操作步骤如下：

步骤 1：取方差和。

$$s_j^2 = \frac{1}{n}\sum_{i=1}^{n}(x_{ij} - \bar{x}_j)^2,\ j = 1,\ 2,\ \cdots,\ m$$

$$\bar{x}_j = \frac{1}{n}\sum_{i=1}^{n}x_{ij},\ j = 1,\ 2,\ \cdots,\ m$$

步骤 2：确定权重系数。

$$w_j = s_j / \sum_{j=1}^{m}s_j,\ j = 1,\ 2,\ \cdots,\ m$$

【实验】针对六项评价指标 $x = (x_1,\ x_2,\ \cdots,\ x_6)^T$，五个被评价对象 $o = (o_1,\ o_2,\ \cdots,\ o_5)^T$，评价区间为［0，10］的评价问题，评价矩阵如表 4-31 所示，请运用均方差法确定各指标权重。

表 4-31　评价矩阵

被评价对象	x_1	x_2	x_3	x_4	x_5	x_6
o_1	3	4	7	2	6	3
o_2	5	8	3	5	7	3
o_3	2	6	8	4	3	6
o_4	4	5	2	2	7	4
o_5	2	4	6	5	1	1

①计算各指标的方差和 s_j^2。

②确定权重系数 w_j。

3. 极差法

以下为用极差法确定指标权数的基本操作步骤。

步骤 1：取最大差值。

$$r_j = \max_{\substack{i,\ k=1,\ 2,\ \cdots,\ n \\ i \neq k}} \{ |x_{ij} - x_{kj}| \},\ j = 1,\ 2,\ \cdots,\ m$$

步骤 2：确定权重系数。

$$w_j = r_j / \sum_{j=1}^{m} r_j,\ j = 1,\ 2,\ \cdots,\ m$$

【实验】针对六项评价指标 $x = (x_1, x_2, \cdots, x_6)^T$，五个被评价对象 $o = (o_1, o_2, \cdots, o_5)^T$，评价区间为［0，10］的评价问题，评价矩阵如表 4-32 所示，请运用极差法确定各指标权重。

表 4-32　评价矩阵

被评价对象	x_1	x_2	x_3	x_4	x_5	x_6
o_1	3	4	7	2	6	3
o_2	5	8	3	5	7	3
o_3	2	6	8	4	3	6
o_4	4	5	2	2	7	4
o_5	2	4	6	5	1	1

①确定最大差值系数 r_j。

②确定权重系数 w_j。

第四节 贸易行为多元统计分析

多元统计分析以多变量数据为研究对象，如上市公司经营业绩的数据资料，包括资产负债率、流动比率、速动比率、主营业务收入、总资产周转率等十多个变量，而你希望对上市公司的经营业绩做出综合评价，这时你就希望用少数的几个变量代表原始的诸多变量来综合反映公司的经营业绩。此类问题还有很多，如对全国各个地区、城市的经济发展的诸多变量，各个学校、各个班级学生学习状况的多变量研究等。由于变量较多，因此增加了分析问题的复杂性。但在实际问题中，各个变量之间或多或少都存在一定的相关性，因此，变量中可能存在信息的重叠。所以人们自然希望通过克服相关性、重叠性，用较少的变量来代替原来较多的变量，而这种代替可以反映原来多个变量的大部分信息，这实际上是一种“降维”的思想。主成分分析方法和因子分析方法都是常用的降维方法，由于主成分分析方法在某种程度上可以说是因子分析方法的一种特例，因此本节侧重介绍因子分析方法。

一、因子分析的基本理论

（一）主成分分析的基本思想与模型

1. 主成分分析的基本思想

主成分分析（principle component analysis）是在 1933 年由 Hotelling 首先提出的，其基本思想是在损失较少信息的基础上采取线性组合的方式从诸多变量中提取原始数据中的信息。当第一个线性组合无法提取更多信息时，再考虑用第二个线性组合继续这个过程，以此类推，直到将原指标的大部分信息提取出来为止。我们把上述方式得到的线性组合称为主成分。一般来说，主成分与原始变量之间的关系可以归纳为

（1）每一个主成分都是原始变量的线性组合。

（2）主成分的数量少于原始变量的个数。

（3）主成分能够保留原始变量的大部分信息。

（4）每个主成分之间是互不相关的。

2. 主成分分析的数学模型

设某数据集 $\boldsymbol{X}$ 共有 p 个变量，m 个样本（$m \geqslant p$），则

$$\boldsymbol{X}=\begin{bmatrix} x_{11} & x_{12} & \cdots & x_{1p} \\ x_{21} & x_{22} & \cdots & x_{2p} \\ \vdots & \vdots & & \vdots \\ x_{m1} & x_{m2} & \cdots & x_{mp} \end{bmatrix}$$

用矩阵形式表示有 $\boldsymbol{X}=(X_1, X_2, \cdots, X_p)$。用 Y 表示对 $\boldsymbol{X}$ 进行线性变换得到的主成分，则

$$\begin{cases} Y_1 = b_{11}X_1 + b_{12}X_2 + \cdots + b_{1p}X_p \\ Y_2 = b_{21}X_1 + b_{22}X_2 + \cdots + b_{2p}X_p \\ \qquad\qquad \vdots \\ Y_p = b_{p1}X_1 + b_{p2}X_2 + \cdots + b_{pp}X_p \end{cases}$$

从上式可以看出，原始变量的线性组合可以有很多，从而主成分也可以有很多，为了取得较好的效果，我们对线性变换做如下限制：①Y 的第一个分量 Y_1 的方差是最

大的，第二个分量 Y_2 的方差次之，以此类推；② Y_i 与 Y_j 是无关的（$i \neq j$）；③ $b_{i1}^2 + b_{i2}^2 + \cdots + b_{ip}^2 = 1(i = 1, 2, \cdots, p)$。

（二）因子分析的基本思想与模型

因子分析（factor analysis）的思想起源于 1904 年斯皮尔曼发表的文章《对智力测验得分进行统计分析》，因子分析也是一种降维、简化数据的分析方法。目前，随着计算机技术的高速发展，因子分析的理论在心理学、经济学、统计评价中都有十分广泛的应用。

1. 因子分析的基本思想

因子分析的基本思想是根据原始变量相关性大小进行分组，这使得同组内的变量之间的相关性较高，而不同组的变量间的相关性则较低。每组变量代表一个基本结构，并用一个不可观测的综合变量表示，这个基本结构就称为公共因子。对于所研究的某一具体问题，原始变量可以分解成两部分之和的形式，一部分是少数几个不可测的所谓公共因子的线性函数，另一部分是与公共因子无关的特殊因子。

因子分析的另一个重要应用是对变量或样本进行分类。当处理得到因子的表达式之后，将原始数据代入表达式就可以计算得到因子得分，在各因子所组成的空间中描绘出因子得分所在的点，这样就能形象地对变量或样本进行分类。

因子分析通常分为 R 型因子分析和 Q 型因子分析两类，R 型因子分析研究变量之间的相关关系，Q 型因子分析主要研究样本之间的相关关系，本节侧重介绍 R 型因子分析。

2. 因子分析的数学模型

设有 n 个样本，每个样本有 m 个指标，且这 m 个指标之间存在显著的相关关系。在进行因子分析之前首先要求对数据进行标准化处理，标准化后每个变量均值为 0，方差为 1。因子分析中的公共因子是不可直接观测但又客观存在的共同影响因素，每一个变量都可以表示成公共因子的线性函数与特殊因子之和，即

$$\begin{cases} X_1 = a_{11}F_1 + a_{12}F_2 + \cdots + a_{1m}F_m + \varepsilon_1 \\ X_2 = a_{21}F_1 + a_{22}F_2 + \cdots + a_{2m}F_m + \varepsilon_2 \\ \vdots \\ X_n = a_{n1}F_1 + a_{n2}F_2 + \cdots + a_{nm}F_m + \varepsilon_n \end{cases}$$

这就是因子分解的数学模型，用矩阵形式表示为

$$\boldsymbol{X} = AF + \varepsilon$$

模型满足：

（1）$m < n$。

（2）$\mathrm{cov}(F,\ \varepsilon) = 0$，即公共因子与特殊因子之间不相关。

（3）这个公共因子不相关且方差为 1。

（4）各个特殊因子不相关，方差不要求相等。

3. 因子分解的相关概念

（1）因子载荷。

如果把变量 X_i 看成 m 维空间中的一个点，则 a_{ij} 表示它在坐标轴 F_j 上的投影，是第 i 个变量在第 j 个因子上的载荷，称为因子“载荷”。矩阵 $\boldsymbol{A}$ 称为因子载荷矩阵。如果对数据进行标准化后，a_{ij} 也是 X_i 与 F_j 的相关系数。它一方面表示 X_i 对 F_j 的依赖程度，绝对值越大，密切程度越高；另一方面也反映了变量 X_i 对公共因子 F_j 的相对重要性。

（2）变量共同度。

变量共同度一般记为 h_i^2，$h_i^2 = a_{i1}^2 + a_{i2}^2 + \cdots + a_{im}^2$，记 $\mathrm{var}(\varepsilon_i) = \sigma^2$，由因子分析模型可知：

$$\mathrm{var}(X_i) = h_i^2 + \varepsilon^2$$

说明 h_i^2 越大，X_i 对公共因子的依赖程度越大，公共因子能解释 X_i 方差的比重越大，因子分析的效果也就越好。

（3）方差贡献率。

公因子 F_j 的方差贡献率研究 m 个公因子与同一个原始变量之间的关系，记 $g_j^2 = a_{1j}^2 + a_{2j}^2 + \cdots + a_{pj}^2$，所以 g_j^2 表示公共因子对每个变量 X_i 所提供的方差综合，该指标衡量公共因子的相对重要性，其值越高表明该公共因子越重要，按照方差贡献的大小对所有公共因子进行排序，可以找到影响力最大的公因子。

（三）因子分析的主要步骤

对原始数据进行因子分析前，首先对数据进行标准化处理，然后对数据是否适合因子分析进行适用性检验，检验的方法有 KMO 检验法、巴特莱特球形度检验法，一般二者有一个通过检验就表明数据适合因子分析。也就是说，KMO 检验值大于 0.5 或巴特莱特球形度检验 P 值小于 0.05 即可。因子分析一般可以分为三个步骤：首先，确定

因子的个数；其次，对因子载荷求解和旋转；最后，计算因子得分。

1. 因子个数的确定

在因子个数的选择原则上，国内学者有的主张用特征根 $\lambda_i \geq 1$，有的主张累计贡献率达到85%以上，也有的提议增加碎石图作为辅助判断。我们认为，因子个数的选择是为了更好地解释因子的含义，更好地进行因子的命名和后续的因子分析，从这一点来说，因子个数的选择在特征根和累计贡献率的基础上，更需要增加对因子载荷矩阵（特别是旋转后的因子载荷矩阵）的分析和判断，以能否客观合理地解释因子的含义作为因子个数决定的一个重要因素。

2. 因子载荷的求解和旋转

因子载荷的求解方法有很多，比如主成分分析法、主轴因子法、极大似然法等。主成分分析法是应用较多的求解方法，它是指对数据进行一次主成分分析，然后选取方差贡献大的因子作为公共因子。但主成分方法求出的特殊因子 ε_i 之间并不相互独立，但正如（变量共同度式子）所示，若共同度较大，特殊因子的作用就不大。主轴因子法也是从探索矩阵的结构出发，与主成分分析法不同的是，主轴因子法假定 m 个公共因子不能解释原始变量的所有方差，因此利用公共因子方差（或共同度）来代替相关矩阵主对角线的元素1，并以新得到的矩阵为出发点，对其求解特征根与特征向量得到最后的因子解。极大似然法的思想是如果假定公共因子 F 和特殊因子 ε 服从正态分布，则能够得到因子载荷和特殊因子方差的极大似然估计。

求解出因子载荷后，最重要的就是了解每一个因子载荷的意义。由于得到的因子载荷矩阵不是唯一的，可能有些变量在多个公共因子上都有较大的载荷，因此有些公共因子对许多变量的载荷也不小，说明它对多个变量都有较明显的影响作用。这时就需要进行因子旋转，因子旋转使每个变量仅在一个公共因子上有较大的载荷，而在其余的公共因子上的载荷比较小。因子旋转的方法主要分为正交旋转和斜交旋转。

3. 因子得分

因子分析的最后一个步骤就是计算因子得分。因子得分就是计算公因子 F_1，F_2，…，F_m 在每一个样本点上的得分。首先我们需要用回归的思想给出公因子用原始变量表示的线性表达式：

$$F_j = \beta_{j1}X_1 + \beta_{j2}X_2 + \cdots + \beta_{jp}X_p$$

β_{jk} 称为因子得分系数，在得到这样的表达式后，我们就可以利用原始变量计算因子得分了，也可以用因子得分作进一步的分析，如进行样本间的比较分析、进行样本的聚类分析等。

（四）因子分析与主成分分析的区别与联系

从主成分分析和因子分析的基本思想与数学模型，我们可以看出两者是紧密联系但又有所区别的。主成分分析可以理解为因子分析的一个特例，而因子分析也可以运用主成分分析来提取因子载荷。二者之间的区别主要体现在以下方面：

（1）主成分分析的数学模型是一种线性变换，是将原始坐标变换到变异程度大的方向上去，突出数据变异的方向，以发现和归纳重要信息。而因子分析从本质上看是从显在变量去“提炼”潜在因子的过程。因为因子分析是一个寻找潜在因子的过程，所以因子的个数 m 取多大是要根据一定规则确定的，并且公因子不是唯一的。

（2）主成分分析不需要有假设，而因子分析假设公因子之间、公因子和特殊因子之间是不相关的。

（3）因子分析中公因子的个数是人为确定的，根据碎石图、特征值大于 1 或者研究者的意愿确定公因子个数；而主成分分析中，一般有几个变量就有几个主成分。

（4）因子分析中因子旋转技术可以增强因子的解释能力，使公因子的含义更加清晰，应当说这也是因子分析与主成分分析相比最大的优势之一。

【案例分析】选取某年我国部分地区贸易发展状况数据，其中：

X_1 为人均 GDP（元）；

X_2 为新增贸易额（亿元）；

X_3 为城镇居民人均年可支配收入（元）；

X_4 为农村居民家庭人均纯收入（元）；

X_5 为高等学校数（所）；

X_6 为对外贸易机构（个）。

具体数据见表 4-33。

表 4-33　我国部分地区贸易发展状况数据表

地区	X_1	X_2	X_3	X_4	X_5	X_6
北京	10 265	30. 81	6 235	3 223	65	4 955
天津	8 164	49. 13	4 929	2 406	21	3 182

表4-33(续)

地区	X_1	X_2	X_3	X_4	X_5	X_6
河北	3 376	77.76	3 921	1 668	47	10 266
山西	2 819	33.97	3 305	1 206	26	5 922
内蒙古	3 013	54.51	2 863	1 208	19	4 915
辽宁	6 103	124.02	3 706	1 756	61	6 719
吉林	3 037	28.65	3 174	1 609	43	3 891
黑龙江	4 427	48.51	3 375	1 766	38	7 637
上海	15 204	128.93	7 191	4 245	45	5 286
江苏	5 785	101.09	4 634	2 456	67	12 039
浙江	6 149	41.88	6 221	2 966	37	8 721
安徽	2 521	55.74	3 795	1 302	35	6 593
福建	5 386	18.35	4 506	2 048	30	4 537
江西	2 376	26.28	3 376	1 537	31	5 423
山东	4 473	102.54	4 264	1 715	48	10 463
河南	2 475	71.36	3 299	1 231	50	7 661
湖北	3 341	37.75	4 028	1 511	56	9 744
湖南	2 701	43.10	4 699	1 425	47	9 137
广东	6 380	51.82	7 438	2 699	42	8 848
广西	2 772	32.52	4 791	1 446	27	5 571
海南	4 820	5.35	4 770	1 519	5	1 653
四川	2 516	80.97	4 002	1 158	64	18 885
贵州	1 553	22.07	3 931	1 086	22	3 934
云南	2 490	48.48	4 085	1 010	26	6 395
陕西	2 344	26.31	3 309	962	46	6 215
甘肃	1 925	14.84	3 152	880	17	4 131
青海	2 910	4.16	3 319	1 029	7	1 176
宁夏	2 685	7.94	3 382	998	7	1 028
新疆	3 953	26.65	4 163	1 136	21	3 932

在 SPSS 软件中依次选择“分析”→“降维”→“因子”进入“因子分析”对话框，如图 4-2 所示。

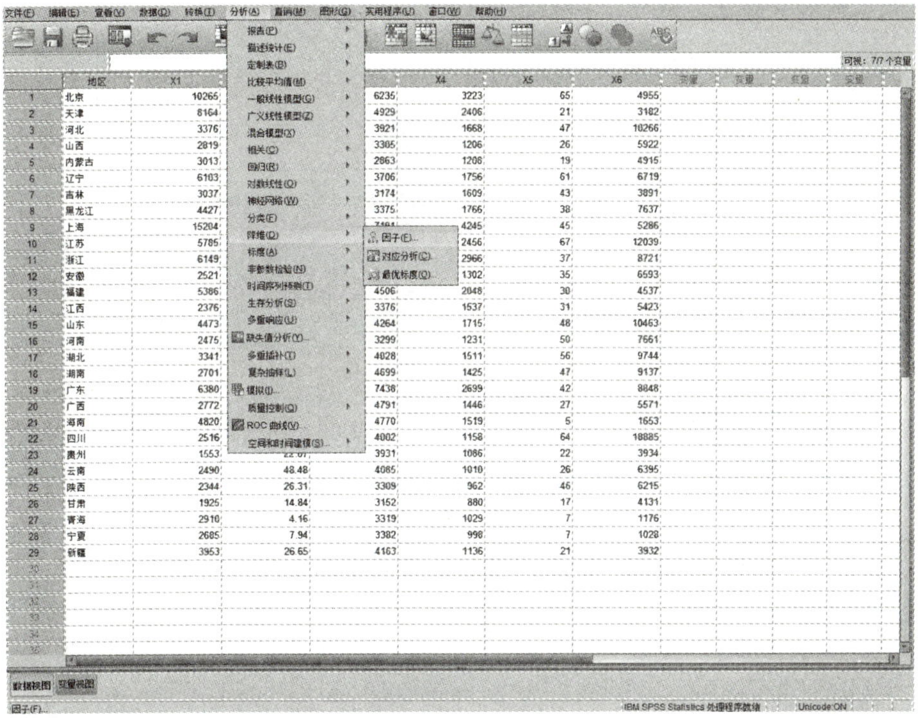

图 4-2　进入“因子分析”对话框

选取分析变量进入变量对话框，单击“描述”按钮进入描述统计选择对话框，选中“KMO 和巴特利特球形度检验”后单击“继续”按钮，如图 4-3 所示。

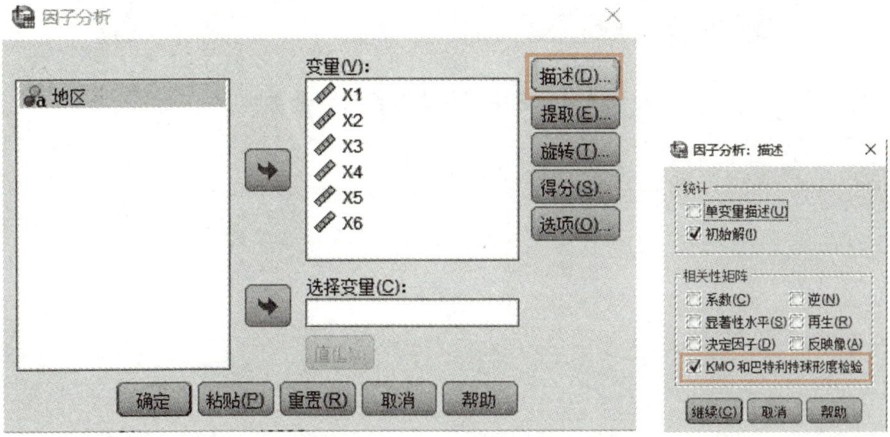

图 4-3　选中“KMO 和巴特利特球形度检验”

单击“提取”按钮，选中“碎石图”选项，如图 4-4 所示。

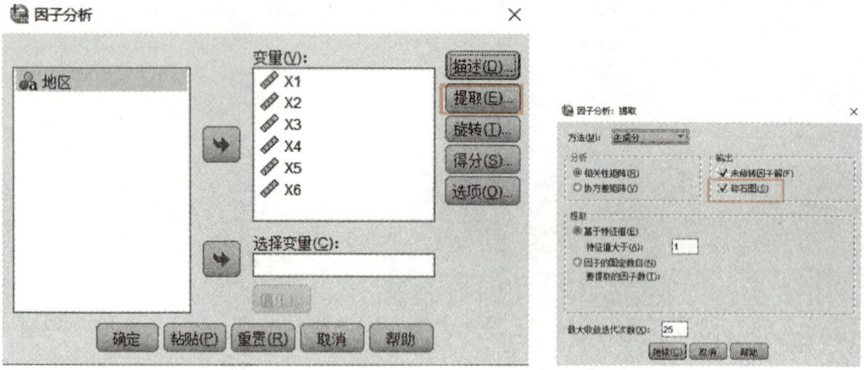

图 4-4 选中“碎石图”选项

单击“旋转”按钮，选中“最大方差法”选项，如图 4-5 所示。

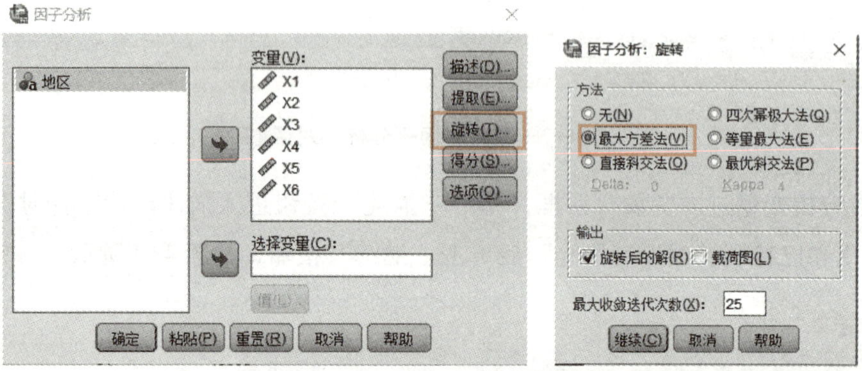

图 4-5 选中“最大方差法”选项

然后单击“确定”按钮运行，如图 4-6 所示。

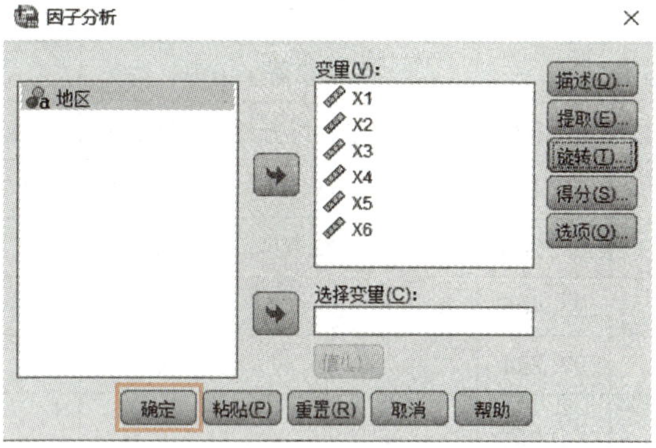

图 4-6 单击“确定”按钮运行

运行结果如表 4-34 至表 4-38、图 4-7 所示。

表 4-34 KMO 和巴特利特检验

KMO 取样适切性量数		0.637
巴特利特球形度检验	近似卡方	147.458
	自由度	15
	显著性	0.000

表 4-35 公因子方差

	初始	提取
X_1	1.000	0.931
X_2	1.000	0.722
X_3	1.000	0.800
X_4	1.000	0.959
X_5	1.000	0.847
X_6	1.000	0.857

提取方法：主成分分析法。

表 4-36　总方差解释

成分	初始特征值			提取载荷平方和			旋转载荷平方和		
	总计	方差百分比	累积/%	总计	方差百分比	累积/%	总计	方差百分比	累积/%
1	3.327	55.456	55.456	3.327	55.456	55.456	2.800	46.661	46.661
2	1.789	29.824	85.280	1.789	29.824	85.280	2.317	38.618	85.280
3	0.491	8.185	93.465						
4	0.261	4.358	97.824						
5	0.088	1.473	99.296						
6	0.042	0.704	100.000						

提取方法：主成分分析法。

表 4-37　成分矩阵[a]

	成分	
	1	2
X_1	0.833	−0.487
X_2	0.733	0.430
X_3	0.781	−0.436
X_4	0.893	−0.402
X_5	0.690	0.609
X_6	0.461	0.803

提取方法：主成分分析法。

a. 提取了 2 个成分。

表 4-38　旋转后的成分矩阵[a]

	成分	
	1	2
X_1	0.960	0.094
X_2	0.342	0.778
X_3	0.889	0.104
X_4	0.959	0.197

表4-38(续)

	成分	
	1	2
X_5	0.203	0.898
X_6	-0.097	0.921

提取方法：主成分分析法。

旋转方法：凯撒正态化最大方差法。

a. 旋转在 3 次迭代后已收敛。

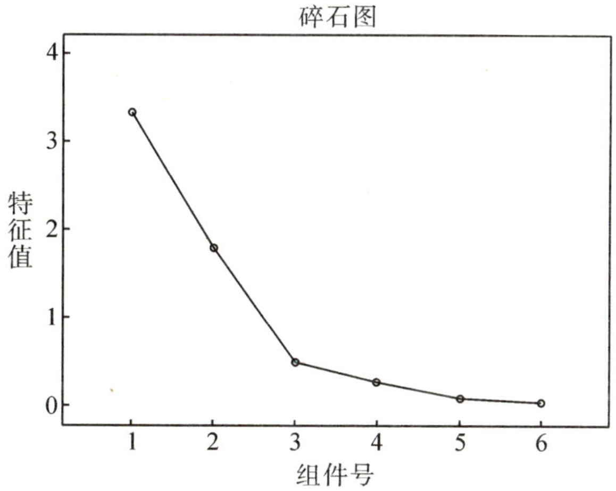

图 4-7　碎石图

由运行结果可以看出，KMO 和巴特利特球形度检验显示，该数据适合做因子分析。由特征值 ≥ 1 选取了 2 个主因子，其累积贡献率也达到了 85%以上，碎石图也显示取了 2 个主因子，较为合适。但用于因子含义解释和命名的因子载荷（成分）矩阵（特别是旋转后的因子载荷矩阵）显示，2 个主因子无法对因子的含义进行很好的解释。因此尝试选取 3 个因子（见图 4-8），选择固定因子的个数为 3，继续运行因子分析程序。

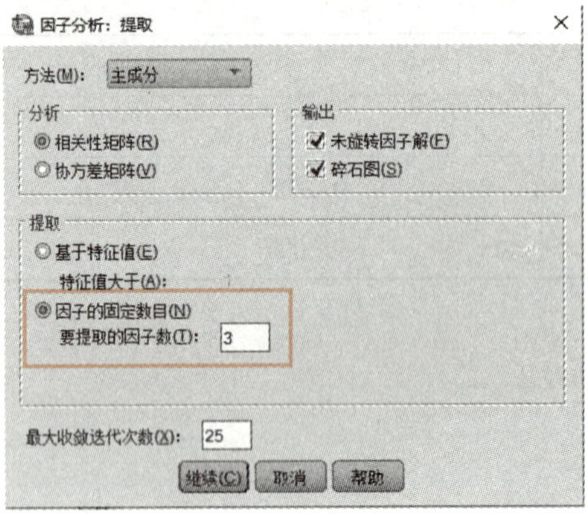

图 4-8　选取 3 个因子

运行结果如表 4-39 至表 4-42 所示。

表 4-39　公因子方差

	初始	提取
X_1	1. 000	0. 966
X_2	1. 000	0. 944
X_3	1. 000	0. 942
X_4	1. 000	0. 960
X_5	1. 000	0. 853
X_6	1. 000	0. 944

提取方法：主成分分析法。

表 4-40　总方差解释

成分	初始特征值			提取载荷平方和			旋转载荷平方和		
	总计	方差百分比	累积/%	总计	方差百分比	累积/%	总计	方差百分比	累积/%
1	3. 327	55. 456	55. 456	3. 327	55. 456	55. 456	2. 678	44. 638	44. 638
2	1. 789	29. 824	85. 280	1. 789	29. 824	85. 280	1. 914	31. 893	76. 531
3	0. 491	8. 185	93. 465	0. 491	8. 185	93. 465	1. 016	16. 934	93. 465
4	0. 261	4. 358	97. 824						
5	0. 088	1. 473	99. 296						

表4-40(续)

成分	初始特征值			提取载荷平方和			旋转载荷平方和		
	总计	方差百分比	累积/%	总计	方差百分比	累积/%	总计	方差百分比	累积/%
6	0.042	0.704	100.000						

提取方法：主成分分析法。

表 4-41　成分矩阵[a]

	成分		
	1	2	3
X_1	0.833	-0.487	-0.187
X_2	0.733	0.430	-0.471
X_3	0.781	-0.436	0.376
X_4	0.893	-0.402	0.021
X_5	0.690	0.609	0.077
X_6	0.461	0.803	0.295

提取方法：主成分分析法。

a. 提取了 3 个成分。

表 4-42　旋转后的成分矩阵[a]

	成分		
	1	2	3
X_1	0.895	-0.071	0.400
X_2	0.225	0.491	0.807
X_3	0.949	0.171	-0.111
X_4	0.939	0.107	0.257
X_5	0.208	0.832	0.341
X_6	-0.036	0.966	0.096

提取方法：主成分分析法。

旋转方法：凯撒正态化最大方差法。

a. 旋转在 5 次迭代后已收敛。

结果显示，3 个因子可以更好地进行解释，第 1 主因子为人均收入因子，是人均 GDP、城镇和农村人均收入的反映；第 2 主因子是教育贸易机构因子，是高等学校和对外贸易机构的反映；第 3 主因子是新增贸易额因子。进一步，在因子得分对话框中选中“显示因子得分系数矩阵”选项，如图 4-9 所示。

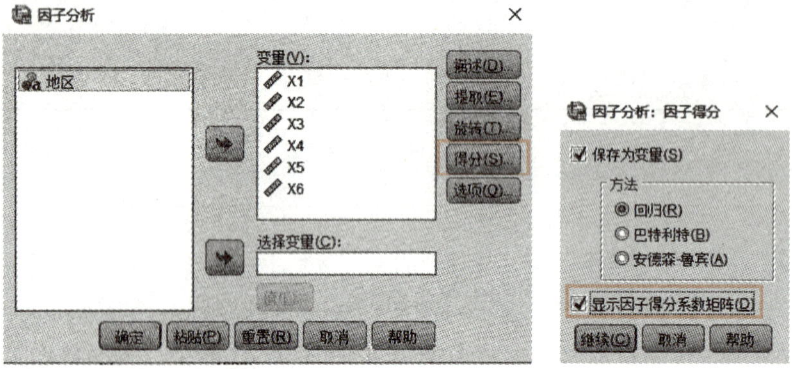

图 4-9　选中“显示因子得分系数矩阵”选项

运行结果如表 4-43 所示。

表 4-43　成分得分系数矩阵

	成分		
	1	2	3
X_1	0. 270	-0. 251	0. 382
X_2	-0. 176	-0. 093	0. 993
X_3	0. 493	0. 225	-0. 637
X_4	0. 350	-0. 035	0. 023
X_5	0. 001	0. 428	0. 018
X_6	-0. 018	0. 660	-0. 382

提取方法：主成分分析法。

旋转方法：凯撒正态化最大方差法。

组件得分。

进一步，可用“转换”→“计算变量”生成因子总分，并排序进行横向比较，如图 4-10 所示。

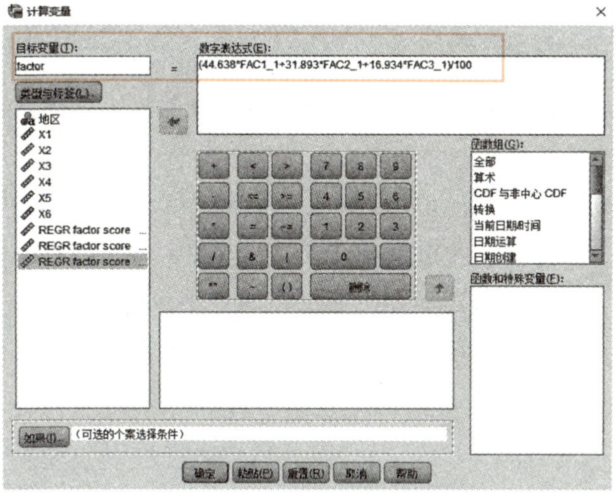

图 4-10 排序进行横向比较

结果如图 4-11 所示。

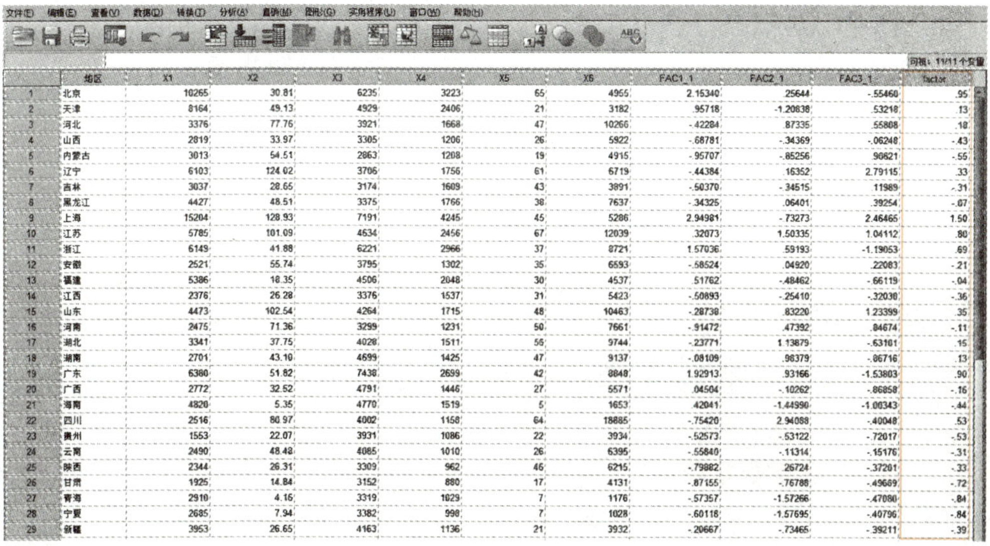

	地区	X1	X2	X3	X4	X5	X6	FAC1_1	FAC2_1	FAC3_1	factor
1	北京	10265	30.81	6235	3223	65	4955	2.15340	.25644	-.55460	.95
2	天津	8164	49.13	4929	2406	21	3182	.95718	-1.20838	.53218	.13
3	河北	3376	77.76	3921	1668	47	10266	-.42284	.87335	.55808	.18
4	山西	2819	33.97	3305	1206	26	5922	-.68781	-.34369	-.06248	-.43
5	内蒙古	3013	54.51	2863	1208	19	4915	-.95707	-.85256	.90621	-.55
6	辽宁	6103	124.02	3706	1756	61	6719	-.44384	.16352	2.79115	.33
7	吉林	3037	28.65	3174	1609	43	3891	-.50370	-.34515	.11989	-.31
8	黑龙江	4427	48.51	3375	1766	38	7637	-.34325	.06401	.39254	-.07
9	上海	15204	128.93	7191	4245	45	5286	2.94981	-.73273	2.46465	1.50
10	江苏	5785	101.09	4634	2456	67	12039	.32073	1.50335	1.04112	.80
11	浙江	6149	41.88	6221	2966	37	8721	1.57036	.59193	-1.19053	.69
12	安徽	2521	55.74	3795	1302	35	6593	-.58524	.04920	.22083	-.21
13	福建	5386	18.35	4506	2048	30	4537	.51762	-.48462	-.66119	-.04
14	江西	2376	26.28	3376	1537	31	5423	-.50893	-.25410	-.32030	-.36
15	山东	4473	102.54	4264	1715	48	10463	-.28738	.83220	1.23399	.35
16	河南	2475	71.36	3299	1231	50	7661	-.91472	.47392	.84674	-.11
17	湖北	3341	37.75	4028	1511	56	9744	-.23771	1.13879	-.63101	.15
18	湖南	2701	43.10	4699	1425	47	9137	-.08109	.98379	-.86716	.13
19	广东	6380	51.82	7438	2699	42	8848	1.92913	.93166	-1.53803	.90
20	广西	2772	32.52	4791	1446	27	5571	.04504	-.10262	-.86858	-.16
21	海南	4820	5.35	4770	1519	5	1653	.42041	-1.44990	-1.00343	-.44
22	四川	2516	80.97	4002	1158	64	18885	-.75420	2.94088	-.40048	.53
23	贵州	1553	22.07	3931	1086	22	3934	-.52573	-.53122	-.72017	-.53
24	云南	2490	48.48	4085	1010	26	6395	-.55840	-.11314	-.15176	-.31
25	陕西	2344	26.31	3309	962	46	6215	-.79882	.26724	-.37201	-.33
26	甘肃	1925	14.84	3152	880	17	4131	-.87155	-.76788	-.49669	-.72
27	青海	2910	4.16	3319	1029	7	1176	-.57357	-1.57266	-.47080	-.84
28	宁夏	2685	7.94	3382	998	7	1028	-.60118	-1.57695	-.40796	-.84
29	新疆	3953	26.65	4163	1136	21	3932	-.20667	-.73465	-.39211	-.39

图 4-11 实验结果

factor 为各地区贸易发展状况因子总分，可进一步根据因子总分进行横向排序比较（此处略）。

【实验作业】我国制造业产业贸易竞争力的因子分析。

产业贸易竞争力是个相比较的概念，因此，它可以通过选择一定评价产业贸易竞争力的指标体系进行比较分析。产业贸易竞争力综合评价指标体系设计的出发点是既要能够客观、准确地反映产业贸易竞争力，又要尽可能利用现有的统计资料提供的数据。指标体系的规模要适当，如果指标太少，虽然能够减少评价的工作量，但是难以综合反映评价对象的特征；如果指标太多，虽然有利于把握评价对象的特征，但是加大了评价的工作量。为了科学、全面、准确地选择产业贸易竞争力评价的指标体系，遵循科学性和可行性相结合的原则、重点和准确相结合的原则、过程指标和状态指标相结合的原则，我们选取了如下指标体系来评价我国制造业的贸易竞争力。

X_1 为工业总产值（万元）；

X_2 为工业增加值（万元）；

X_3 为增加值率（%）；

X_4 为成本费用利润率（%）；

X_5 为全员劳动生产率（%）；

X_6 为产品销售率（%）；

X_7 为产品外销率（%）；

X_8 为科技活动人员（人）；

X_9 为高级技术人员投入强度（%）；

X_{10} 为经费支出总额（万元）；

X_{11} 为技术经费投入强度（%）；

X_{12} 为新产品产值（万元）；

X_{13} 为新产品产值率（%）；

X_{14} 为固定资产原值（万元）；

X_{15} 为固定资产净值（万元）；

X_{16} 为固定资产新度系数（%）；

X_{17} 为职工装备水平（万元/人）；

X_{18} 为总资产贡献率（%）；

X_{19} 为资本保值增值率（%）；

X_{20} 为流动资产周转率（%）。

搜集我国制造业 28 个行业的上述指标值，数据来源：《中国工业经济统计年鉴》，运用 SPSS 软件对数据进行因子分析。

二、聚类分析的基本理论

（一）聚类分析的概念和基本思想

1. 聚类分析的概念

聚类分析也称群分析、点群分析，就是研究如何对样本（或变量）进行量化分类的多元数据分析方法。聚类分析是根据样本自身的属性，用数学方法按照某种相似性或差异性指标，定量地确定样本（或变量）之间的亲疏关系，并按这种亲疏关系程度对样本（或变量）进行分类的多元统计方法。

“物以类聚，人以群分。”对事物进行分类，既是人们认识事物的出发点，也是人们认识世界的一种重要方法，因此分类学便成为人类认识世界的基础科学。对社会生活的众多领域中存在的大量分类问题，最初人们主要依靠经验和专业知识进行定性分类，致使许多分类带有主观性和任意性，不能很好地揭示客观事物内在的本质差别与联系，特别是对于多因素、多指标的分类问题，定性分类的准确性就更不好把握。随着生产技术和科学的发展，人类的认识不断加深，分类越来越细，对分类的要求也越来越高，光凭经验和专业知识分类不能取得令人满意的结果。为了克服定性分类存在的不足，数学方法被引进分类学中，形成了数值分类学，后来随着多元分析的引进，聚类分析又逐渐从数值分类学中分离出来，形成一个相对独立的分支。随着计算机技术的不断发展，利用数学方法研究分类问题不仅非常必要而且完全可能。因此，自计算机问世和专业分析软件开发应用以来，聚类分析的理论和应用得到了迅速的发展，取得了许多令人满意的成果。

2. 聚类分析的基本思想

聚类分析的基本思想是认为所研究的样本或指标（变量）之间存在程度不同的相似性。根据一批样本的多个观测指标，具体找出一些能够度量样本或指标之间相似程度的统计量，以这些统计量为划分类型的依据，把一些相似程度较高的样本（或指标）聚合为一类，再把另外一些彼此之间相似程度较高的样本（或指标）聚合为一类，直到把所有的样本（或指标）聚合完毕。聚类分析是依据分析数据本身所具有的定量特征来对大量的数据进行分组归类，以了解数据的内在结构，使分类更具客观性，并能反映出事物的内在必然联系。聚类的目的在于通过把原来的对象分成相似的组，来获得数据的某种内在规律，衡量聚类结果优劣的标准是类内的相关性尽量大，类间相关性尽量小。

从统计学的观点来看，聚类分析是通过数据建模简化数据的一种方法。聚类分析方法包括系统聚类法、K 均值聚类、两步聚类、有序样本聚类、模糊聚类、图论聚类等。

聚类与分类的不同在于，聚类所要求划分的类是未知的。聚类分析是一种探索性的分析，在分类的过程中，人们不必事先给出一个分类的标准，聚类分析能够从样本数据出发进行分类。聚类分析所使用的方法不同，常常会得到不同的结论。不同研究者对于同一组数据进行聚类分析，所得到的聚类数未必一致。

在聚类分析中，根据分析对象的不同分为 Q 型聚类分析和 R 型聚类分析。Q 型聚类分析是对样本进行分类处理，R 型聚类分析是对变量进行分类处理，用于了解样本（或变量）之间的亲疏程度。聚类分析实质上是寻找一种能客观反映样本（或变量）之间亲疏关系的统计量，如何来度量样本（或变量）之间的相似程度是非常重要的。在聚类分析中需要重点把握好两个环节：一个是点和点之间的相似性度量，另一个是类和类之间的相似性度量。

（二）点与点之间的相似性度量方法

点与点之间相似性度量的统计量与变量的测量尺度有关，通常变量的测量尺度可以分为间隔尺度、有序尺度和名义尺度三类。

间隔尺度：用连续的实值变量来表示，是由测量或技术、统计所得到的量。如经济统计数据、长度、重量、速度、温度等。

有序尺度：没有明确的数量表示，而是划分一些等级，等级之间有次序关系。如某产品分为一等品、二等品、三等品三个等级等；毕业论文成绩有优、良、中、及格、不及格之分；体质状况有好、中、差三个等级。

名义尺度：既没有数量表示，也没有次序关系，而是表现为某种状态，其值通常是非数值数据。如性别有男、女；颜色有红、黄、蓝、绿等；医疗诊断有阴性、阳性等。

不同尺度类型的变量，其距离和相似系数的定义方法有很大差异。用得较多的是间隔尺度，因此本节只介绍间隔尺度的距离和相似系数的定义。

1. 样本相似性度量的统计量

Q 型聚类分析，常用距离来测度样本之间的相似程度。每个样本有 p 个指标（变量），从不同方面描述其性质，形成一个 p 维向量。如果把 n 个样本看成 p 维空间中的 n 个点，则两个样本间的相似程度就可用 p 维空间中两点间的距离来度量。距离是事物之间差异性的测度，差异性越大，则相似性越小，所以距离是 Q 型聚类分析的依据和基础。

在高等数学中，距离的概念是在欧氏距离的基础上发展引申而成的。设 $X_i=(x_{i1}, x_{i2}, \cdots, x_{ip})(i=1, 2, \cdots, n)$ 为 n 个样本，$d_{ij}=f(X_i, X_j)$ 是 X_i、X_j 的函数，如果满足

（1）$d_{ij}\geqslant 0$（$d_{ij}=0$ 当且仅当 $i=j$），非负性。

(2) $d_{ij}=d_{ji}$，对一切 i，j　对称性。

(3) $d_{ij}\leqslant d_{ik}+d_{kj}$，对一切 i，j，k　三角不等式。

则称 d_{ij} 是 X_i、X_j 之间的距离。

两点间的距离 d_{ij} 可以从不同角度进行定义，经典的距离公式有如下几种：

(1) 明可夫斯基距离。

$$d_{ij}(q)=\left(\sum_{k=1}^{p}|x_{ik}-x_{jk}|^{q}\right)^{1/q}$$

明可夫斯基距离简称明氏距离，按取值的不同又可分为三种。

①绝对值距离（$q=1$）。

$$d_{ij}(1)=\sum_{k=1}^{p}|x_{ik}-x_{jk}|$$

②欧氏距离（$q=2$）。

$$d_{ij}(2)=\left(\sum_{k=1}^{p}|x_{ik}-x_{jk}|^{2}\right)^{1/2}$$

③切比雪夫距离（$q=\infty$）。

$$d_{ij}(\infty)=\max_{1\leqslant k\leqslant p}|x_{ik}-x_{jk}|$$

欧氏距离是最常用的距离，但由于它没有考虑到总体的变异对“距离”远近的影响，在处理问题时有一定的局限性。为了克服这方面的不足，引入“马氏距离”的概念。

(2) 马氏距离。

$$d_{ij}^{2}(M)=(X_i-X_j)^{T}\sum{}^{-1}(X_i-X_j)$$

其中，$\sum$ 为协方差矩阵。马氏距离又称为广义欧式距离。显然，马氏距离与明氏距离的主要不同在于它考虑了变量之间的相关性。如果各变量之间相互独立，即变量的协方差矩阵是对角矩阵，则马氏距离就退化为用各个观测指标的标准差的倒数作为权数的加权欧式距离。马氏距离还考虑了变量之间的变异性，不再受各指标量纲的影响。将原始数据作线性变换后，马氏距离不变。

(3) 兰氏距离。

$$d_{ij}(L)=\frac{1}{p}\sum_{k=1}^{p}\frac{|x_{ik}-x_{jk}|}{x_{ik}+x_{jk}}$$

兰氏距离仅适用于一切 $x_{ij} > 0$ 的情况。这是一个自身标准化的量，由于它对奇异值不敏感，因此特别适合处理高度偏倚的数据。它不受各指标量纲的影响，但没有考虑指标之间的相关性。

一般来说，对同一批数据采用不同的距离公式，会得到不同的聚类结果。产生不同结果的原因，主要在于不同距离公式的侧重点和实际意义有所不同。样本间距离公式的选择是一个比较复杂且带有一定主观性的问题，我们应根据研究对象的特点做出具体分析。在实际应用时，不妨试探性地多选择几个距离公式分别进行聚类，然后对聚类的结果进行对比分析，以确定最合适的距离测度方法。

2. 变量间相似程度度量的统计量

聚类分析方法不仅可用来对样本进行分类，而且可用来对变量进行分类，在对变量进行分类时，常常采用相似系数来度量变量之间的相似性。多元数据中的变量表现为向量形式，在几何上可用多维空间中的一个有向线段表示。在对多元数据进行分析时，相对于数据的大小，我们更多地对变量的变化趋势或方向感兴趣。因此，变量间的相似性，我们可以从它们的方向趋同性或相关性进行考察，从而得到“夹角余弦法”和“相关系数”两种度量方法。

设 $x_i = (x_{1i}, x_{2i}, \cdots, x_{mi})'(i = 1, 2, \cdots, p)$ 是 p 个变量，将其看作 n 维空间的向量，则两个变量 x_i 与 x_j 之间的夹角余弦为

$$\cos\theta_{ij} = \frac{\sum_{k=1}^{n} x_{ki}x_{kj}}{\sqrt{\left(\sum_{k=1}^{n} x_{ki}^2\right)\left(\sum_{k=1}^{n} x_{kj}^2\right)}}$$

其相关系数为

$$r_{ij} = \frac{\sum_{k=1}^{n} (x_{ki} - \bar{x}_i)(x_{kj} - \bar{x}_j)}{\sqrt{\left(\sum_{k=1}^{n} (x_{ki} - \bar{x}_i)^2\right)\left(\sum_{k=1}^{n} (x_{kj} - \bar{x}_j)^2\right)}}$$

无论是夹角余弦还是相关系数，作为变量近似性的度量工具，我们把它们统一记为 c_{ij}。当 $|c_{ij}| = 1$ 时，说明变量 x_i 与 x_j 完全相似；当 $|c_{ij}|$ 接近于 1 时，说明变量 x_i 与 x_j 关系密切；当 $|c_{ij}| = 0$ 时，说明变量 x_i 与 x_j 完全不相似；当 $|c_{ij}|$ 接近于 0 时，说明变量 x_i 与 x_j 的差别很大。据此，我们就可以把比较相似的变量聚为一类，把不太相似的

变量归到不同的类内。

在实际聚类过程中，为了计算方便，我们把变量间相似性的度量公式变换为

$$d_{ij} = 1 - |c_{ij}|$$

或者

$$d_{ij}^2 = 1 - c_{ij}^2$$

可以这样来理解上式，两点间相似度越大，就相当于距离越短，这比较符合人们的一般思维习惯。

在实际应用中，常用距离来度量样本分类的相似性，常用相似系数来度量指标分类的相似性；用距离度量时找最小的元素并类，用相似系数度量时找最大的元素并类。

（三）类与类的相似性度量方法

点与点之间的相似性可以有不同的度量方法，类与类之间的相似性也有多种度量方法，主要有最短距离法、最长距离法、中间距离法、重心法、类平均法和离差平方和法。它们的归类步骤基本上是一致的，主要差异是类间距离的计算方法不同，以样本聚类为例。

1. 最短距离法

用 D_{ij} 表示类 G_i 与 G_j 之间的最短距离为两类最近样本的距离，即

$$D_{ij} = \min_{x_i \in G_p,\ x_j \in G_q} d_{ij}$$

用最短距离法进行聚类分析的步骤如下：

（1）假设共有 n 个样本，首先构造 n 个类，每一类中只包含一个样本，共有 n 类。

（2）定义样本之间的距离，计算 n 个样本两两之间的距离，得一距离矩阵，记为 $D(0)$，这时 $D_{ij} = d_{ij}$。

（3）把距离最近的两个样本聚为一类，其他的样本仍各自为一类，共聚成 $n-1$ 类。

（4）计算新类与其他类的距离，将距离最近的两个类进一步聚成一类，共聚成 $n-2$ 类，以此类推。如果某一步距离最小的元素不止一个，则这些最小元素对应的类可以同时合并。

（5）重复步骤（3）和步骤（4）直到所有元素并成一类为止。为了直观地反映以上的系统聚类过程，可以把整个分类过程画成一张谱系图，所以有时系统聚类也称为谱系分析。

（6）决定类的个数和类成员。系统聚类允许一类整体地包含在另一类内，但在这

两类间不能有其他类与之重叠。

2. 最长距离法

最长距离法定义类 G_i 与 G_j 之间的距离为两类最远样本的距离，即

$$D_{ij} = \max_{x_i \in G_p,\ x_j \in G_q} d_{ij}$$

此方法受极端值的影响较大。最长距离法与最短距离法的并类步骤完全一样。

3. 中间距离法

定义类间距离可以既不采用两类之间最近的距离也不采用两类之间最远的距离，而是采用介于两者之间的距离，这种方法被称为中间距离法。

4. 重心法

重心法是以两类重心之间的距离作为两类间的距离。重心即该类样本的均值。重心对类有很好的代表性，在处理异常值方面较为稳健，但利用各样本的信息不充分。每合并一次类，都要重新计算新类的重心，计算量较大。

5. 类平均法

类平均法定义类间距离平方和为这两类元素两两之间距离平方的平均数，即

$$D_{ij} = \frac{1}{n_i n_j} \sum_{x_i \in G_i} \sum_{x_j \in G_j} d_{ij}^2$$

其中，n_i 为 G_i 中的样本数。

6. 离差平方和法

该方法是 Ward 提出来的，所以又称为 Ward 法。该方法的基本思想来源于方差分析，如果分类正确，同类样本的离差平方和应当较小，类与类的离差平方和应当较大。先将 n 个样本各自成一类，然后每次缩小一类，每缩小一类，离差平方和就要增大，选择使方差增加最小的两类合并，直到所有的样本归为一类为止。

设 X_{ki} 是 G_i 中的第 k 个样本，则 G_i 的样本离差平方和为

$$S_i = \sum_{k=1}^{n_i} (X_{ki} - \bar{X}_i)^T (X_{ki} - \bar{X}_i)$$

如果 $G_r = G_i \cup G_j$，则定义

$$D_{ij}^2 = S_r - S_i - S_j$$

离差平方和法分类效果较好，应用也广泛，但对异常值较敏感。

（四）聚类的方法

1. 系统聚类法

聚类分析有很多种方法，不同的方法适合解决不同类型的问题。其中系统聚类法是最基本的一种，系统聚类分析也叫分层聚类分析，是目前国内外使用得最多的一种方法。

系统聚类法的基本思想是：在样本之间定义距离，在变量之间定义相似系数，距离或者相似系数代表着样本或者变量之间的相似程度。按照相似程度的大小，将样本（或变量）逐一归类，关系密切的先参与并类，关系疏远的后参与并类，过程一直进行下去，直到所有的样本（或变量）都聚到合适的类中，形成一个表示亲疏关系的谱系图，可据此对样本（或者变量）进行分类。

一般情况下，对同一数据用不同的方法聚类的结果是不会完全相同的，怎样比较各种聚类方法的优劣呢？至今还没有客观的评价标准。类的结构（规模、形状、个数）、奇异值、相似测度选择都会影响到聚类结果。在实际应用中，一般采用以下两种处理方法。

（1）根据分类问题本身的专业知识，可将聚类结果与实际问题对照，看哪一个结果更符合经验，结合实际需要来选择分类方法，并确定分类个数。Bemirmen 于 1972 年提出了应根据研究目的来确定适当的分类方法，并提出了一些根据谱系图来分类的准则。

准则 A：各类重心之间的距离必须很大。

准则 B：确定的类中，各类所包含的元素都不要太多。

准则 C：类的个数必须符合使用目的。

准则 D：若采用几种不同的聚类方法处理，则在各自的聚类图中应发现相同的类。

（2）多用几种分类方法去做，把结果中的共性提出来，对有争议的样本用判别分析去归类。

2. K 均值聚类

系统聚类法需要计算出不同样本或变量的距离，还在聚类的每一步都要计算“类间距离”，相应的计算量自然比较大；特别是当样本容量很大时，需要占据非常大的计算机内存空间，这给应用带来一定的困难。而 K 均值聚类是一种快速聚类法，样本量大于 100 时有必要考虑采用该方法，得到的结果比较简单易懂，对计算机的性能要求不高，因此应用也比较广泛。

K 均值法是一种比较流行的动态聚类法。动态聚类法的基本思想是，选择一批凝聚点或给出一个初始的分类，让样本按某种原则向凝聚点凝聚，对凝聚点进行不断的修改或迭代，直至分类比较合理或迭代稳定为止。类的个数 k 可以事先指定，也可以在聚类过程中确定。K 均值法是由 MacQueen 于 1967 年提出并命名的一种算法，这种算法至少包括以下 3 个步骤：

（1）选择 k 个样本作为初始凝聚点，或者将所有样本分成 k 个初始类，然后将这 k 个类的样本重心（均值）作为初始凝聚点。

（2）对除凝聚点之外的所有样本逐个归类，将每个样本归入离它最近的凝聚点所代表的那个类中，并对获得样本与失去样本的类，重新计算中心坐标。

（3）重复步骤（2），直至所有的样本都不能再分配为止。

K 均值法最终的聚类结果在一定程度上依赖于初始凝聚点或初始分类的选择。经验表明，聚类过程中的绝大多数重要变化均发生在第一次再分配中。

K 均值法和系统聚类法一样，都是以距离的远近亲疏为标准进行聚类的，但是两者也有明显的不同之处：系统聚类产生一系列类数不同的聚类结果，而 K 均值聚类只能产生指定类数的聚类结果；K 均值法具体分类数的确定，离不开实践经验的积累，有时也可以借助系统聚类法以一部分样本为对象进行聚类，其结果作为 K 均值聚类法确定类数的参考；K 均值聚类只能做 Q 型聚类，系统聚类能做 Q 型聚类和 R 型聚类。

3. 两步聚类

两步聚类又称两阶段聚类，它与系统聚类相似，是揭示数据所蕴含的自然组别的一种探索性分析方法，可以有效地分析大样本数据。

两步聚类法聚类的特点有 3 个。

（1）聚类变量可以是连续变量，也可以是分类变量。两步聚类充分考虑到这两种变量的不同性质，采用对数似然距离和欧氏距离来衡量相似性。当聚类指标中含有分类变量时必须选择对数似然距离。

（2）两步聚类法能自动确定出类的个数。通过“自动确定”选项，可以在限定类个数上限内自动进行类别个数的选择，类别个数上限默认为 15（可以修改）。当然也可以指定固定值，输入你想要的类别个数。

（3）两步聚类法能够有效地分析大数据集。K 均值聚类和两步聚类在模型选择上依据 AIC 和 BIC 两个准则，AIC 或者 BIC 的值越小，模型越好。

【案例分析】选取某年我国部分地区贸易发展状况数据，其中：

X_1 为人均 GDP（元）；

X_2 为新增贸易额（亿元）；

X_3 为城镇居民人均年可支配收入（元）；

X_4 为农村居民家庭人均纯收入（元）；

X_5 为高等学校数（所）；

X_6 为对外贸易机构（个）。

具体数据见表 4-44。

表 4-44　我国部分地区贸易发展状况数据表

地区	X_1	X_2	X_3	X_4	X_5	X_6
北京	10 265	30.81	6 235	3 223	65	4 955
天津	8 164	49.13	4 929	2 406	21	3 182
河北	3 376	77.76	3 921	1 668	47	10 266
山西	2 819	33.97	3 305	1 206	26	5 922
内蒙古	3 013	54.51	2 863	1 208	19	4 915
辽宁	6 103	124.02	3 706	1 756	61	6 719
吉林	3 037	28.65	3 174	1 609	43	3 891
黑龙江	4 427	48.51	3 375	1 766	38	7 637
上海	15 204	128.93	7 191	4 245	45	5 286
江苏	5 785	101.09	4 634	2 456	67	12 039
浙江	6 149	41.88	6 221	2 966	37	8 721
安徽	2 521	55.74	3 795	1 302	35	6 593
福建	5 386	18.35	4 506	2 048	30	4 537
江西	2 376	26.28	3 376	1 537	31	5 423
山东	4 473	102.54	4 264	1 715	48	10 463
河南	2 475	71.36	3 299	1 231	50	7 661
湖北	3 341	37.75	4 028	1 511	56	9 744
湖南	2 701	43.10	4 699	1 425	47	9 137

表4-44(续)

地区	X_1	X_2	X_3	X_4	X_5	X_6
广东	6 380	51. 82	7 438	2 699	42	8 848
广西	2 772	32. 52	4 791	1 446	27	5 571
海南	4 820	5. 35	4 770	1 519	5	1 653
四川	2 516	80. 97	4 002	1 158	64	18 885
贵州	1 553	22. 07	3 931	1 086	22	3 934
云南	2 490	48. 48	4 085	1 010	26	6 395
陕西	2 344	26. 31	3 309	962	46	6 215
甘肃	1 925	14. 84	3 152	880	17	4 131
青海	2 910	4. 16	3 319	1 029	7	1 176
宁夏	2 685	7. 94	3 382	998	7	1 028
新疆	3 953	26. 65	4 163	1 136	21	3 932

在因子分析的基础上，我们使用系统聚类分析方法，以人均收入因子、教育贸易机构因子、新增贸易额因子为分析变量。

在 SPSS 数据编辑窗口中选择“分析”→“聚类”→“系统聚类”命令，调出系统聚类分析主界面，并将三个因子“FAC1_1”“FAC2_1”“FAC3_1”3 个变量选定为分析变量，放入“变量”列表框中，选择“地区”放入“个案标注依据”中，如图 4-12 所示。

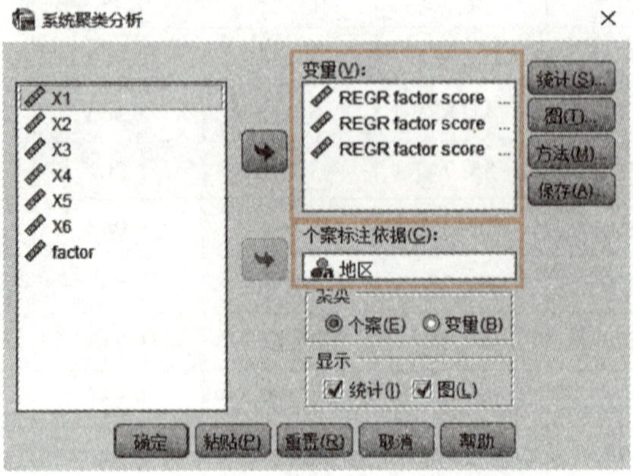

图 4-12　系统聚类分析主界面

在“分群”选项组中选择“个案”单选按钮，即对样本进行聚类；若选择“变量”单选按钮，即对变量进行聚类，在对变量进行聚类时度量标准就选择夹角余弦或相关系数，其余选项及结果分析与样本聚类类同，不再赘述。

在“显示”选项组中选中“统计量”和“图”选项，这样在结果输出窗口可以同时得到聚类结果统计量和统计图。

单击“统计”按钮，弹出“系统聚类分析：统计”对话框，如图 4-13 所示。

集中计划：凝聚状态表，或称为聚类进度表，显示聚类过程每一步合并的类或样本、被合并的类或样本之间的距离、样本或变量加入一类的类水平。

近似值矩阵：给出各类之间的距离或相似度量值。

聚类成员：在输出窗口中显示每个样本的分类结果。在“保存”中有相同选择。

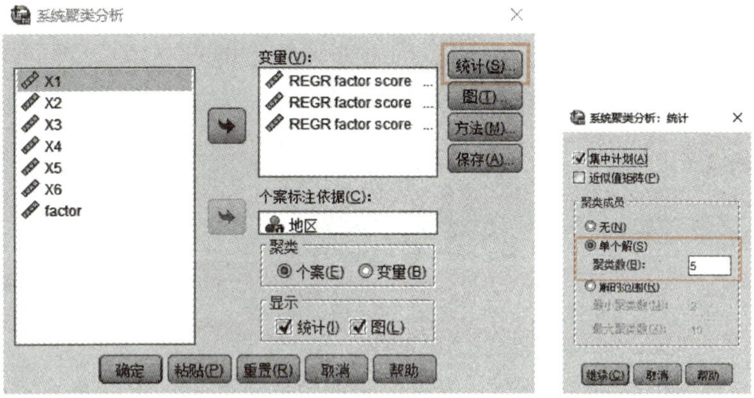

图 4-13　打开“系统聚类分析：统计”对话框

单击“图”按钮，弹出“系统聚类分析：图”对话框。选中“谱系图”选项，单击“继续”按钮返回“系统聚类分析”，如图 4-14 所示。

谱系图：表明每一步中被合并的类及其聚合系数值，把各类之间的距离转换成 1~25 的数值。

冰柱图：把聚类信息综合到一张冰柱图上。

垂直：参与聚类的样本（或变量）各占一列，标以样本（或变量）号或标签；聚类过程中的每一步占一行，标以步的顺序号。

水平：参与聚类的样本（或变量）各占一行，聚类的每一步各占一列；如果不加限定选择项，则显示聚类的全过程。

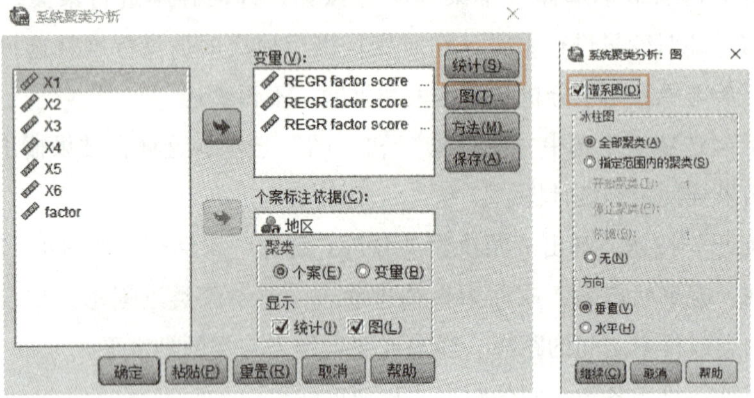

图 4-14　打开“系统聚类分析：图”对话框

单击“方法”按钮，弹出“系统聚类分析：方法”对话框，如图 4-15 所示。本例选用“平方欧氏距离”来度量观测之间的相似性，聚类方法选择“组间联接”选项，单击“继续”按钮返回系统聚类分析对话框。

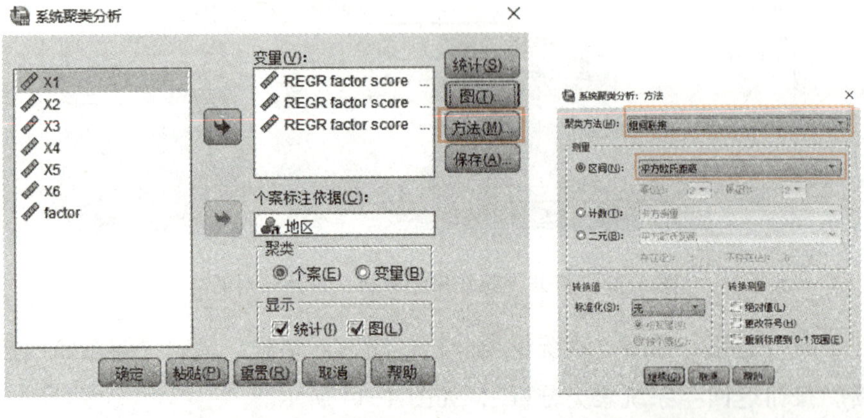

图 4-15　打开“系统聚类分析：方法”对话框

聚类方法：

组间联接——类间平均法；

组内联接——类内平均法；

最近邻元素——最近邻居法，即最短距离法；

最远邻元素——最远邻居法，即最长距离法；

质心聚类——重心法，应与欧氏距离平方一起使用；

中位数聚类——中间距离法，应与欧氏距离平方一起使用；

瓦尔德法——离差平方和法，应与欧氏距离平方一起使用。

测量：对距离和相似系数的不同测量方法。

在相似性度量上，“区间”提供了 8 种距离和相似系数供用户选择：

欧氏距离；

平方欧氏距离——欧氏距离平方；

余弦——夹角余弦，变量相似性的度量；

皮尔逊相关性——皮尔逊相关系数，变量相似性的度量；

切比雪夫——切比雪夫距离；

块——绝对值距离；

明可夫斯基——明可夫斯基距离；

定制——距离是一个绝对幂的度量，即变量绝对值的 p 次幂之和的 r 次根，p 与 r 由用户指定。

转换值：标准化方法。聚类分析中如果参与聚类的变量的量纲不同会导致错误的聚类结果。因此在聚类过程进行之前必须对变量值进行标准化，即消除量纲的影响。不同方法进行标准化，会导致不同的聚类结果。采用何种标准化的方法，要注意变量的分布，如果是正态分布应该采用 Z 分数法。如果参与聚类的变量的量纲相同，则可以使用系统默认值，即不进行标准化处理。

标准化处理方法如下：

Z 得分：把数值减去标准差后再除以标准差。

范围-1~1；

范围 0~1；

最大量级为 1；

平均值为 1；

标准差为 1。

运行结果如表 4-45 所示。

表 4-45 个案处理摘要[a,b]

个案					
有效		缺失		总计	
个案数	百分比	个案数	百分比	个案数	百分比
29	100.0	0	0.0	29	100.0

a. 平方欧氏距离使用中；

b. 平均联接（组间）。

从表 4-45 中看出，观测数为 29 个，没有缺失值，采用平方欧氏距离度量样本间的相似性，聚类方法为平均联接法。

表 4-46 所示为凝聚状态表，第 1 列“阶”表示聚类分析的第几步；第 2 列、第 3 列“群集组合”表示本步聚类中哪两个观测或小类聚成一类；第 4 列“系数”是相应的聚合系数；第 5 列、第 6 列“首次出现聚类的阶段”表明本步聚类中，参与聚类的是样本还是小类——其中 0 表示样本，数字 n（非 0）表示由第 n 步聚类产生的小类参与本步聚类；第 7 列“下一个阶段”表示本步聚类的结果将在下面聚类的第几步中用到。

表 4-46 集中计划

阶段	组合聚类		系数	首次出现聚类的阶段		下一个阶段
	聚类 1	聚类 2		聚类 1	聚类 2	
1	27	28	0.005	0	0	17
2	14	24	0.051	0	0	6
3	4	7	0.067	0	0	6
4	8	12	0.088	0	0	8
5	17	18	0.104	0	0	22
6	4	14	0.129	3	2	8
7	23	26	0.226	0	0	9
8	4	8	0.343	6	4	13
9	23	29	0.352	7	0	15
10	11	19	0.365	0	0	16

表4-46(续)

阶段	组合聚类		系数	首次出现聚类的阶段		下一个阶段
	聚类 1	聚类 2		聚类 1	聚类 2	
11	13	20	0.412	0	0	18
12	3	15	0.477	0	0	14
13	4	25	0.512	8	0	15
14	3	16	0.578	12	0	19
15	4	23	0.838	13	9	18
16	1	11	1.165	0	10	25
17	21	27	1.351	0	1	21
18	4	13	1.405	15	11	20
19	3	10	1.555	14	0	22
20	4	5	2.398	18	0	21
21	4	21	2.501	20	17	23
22	3	17	3.253	19	5	24
23	2	4	3.691	0	21	24
24	2	3	4.496	23	22	25
25	1	2	8.204	16	24	26
26	1	6	11.000	25	0	27
27	1	22	11.872	26	0	28
28	1	9	18.860	27	0	0

表4-47所示为在输出窗口中显示的把29个样本分为5类的结果。它将29个地区分为以下5类：

第1类：北京、浙江、广东。

第3类：辽宁。

第4类：上海。

第5类：四川。

其余的为第2类。

表 4-47　聚类成员

个案	5 个聚类	个案	5 个聚类
1：北京	1	16：河南	2
2：天津	2	17：湖北	2
3：河北	2	18：湖南	2
4：山西	2	19：广东	1
5：内蒙古	2	20：广西	2
6：辽宁	3	21：海南	2
7：吉林	2	22：四川	5
8：黑龙江	2	23：贵州	2
9：上海	4	24：云南	2
10：江苏	2	25：陕西	2
11：浙江	1	26：甘肃	2
12：安徽	2	27：青海	2
13：福建	2	28：宁夏	2
14：江西	2	29：新疆	2
15：山东	2		

冰柱图如图 4-16 所示。

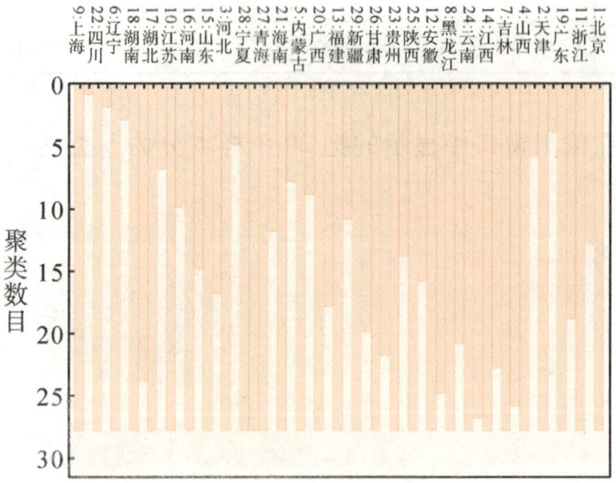

图 4-16　冰柱图

图 4-17 为使用平均联接法生成的聚类谱系图，展现了聚类分析中每一次类合并的情况。SPSS 自动将各类间的距离映射在 0~25，并将聚类过程近似地表示在图上。

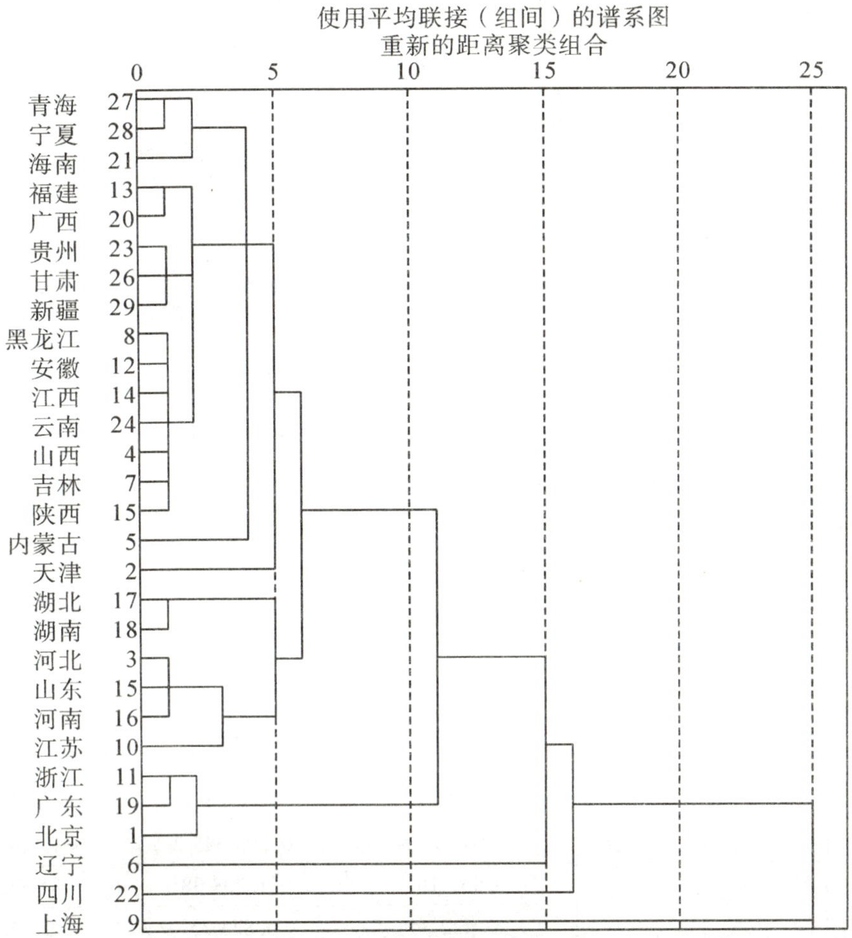

图 4-17　聚类谱系图

在 SPSS 中选择“分析”→“报告”→“个案摘要”命令，打开“个案摘要”对话框，如图 4-18 所示。将公因子 FAC1_1、FAC2_1、FAC3_1 移入“变量”列表框中，将主窗口中保存的聚类结果变量选入“分组变量”列表框中。

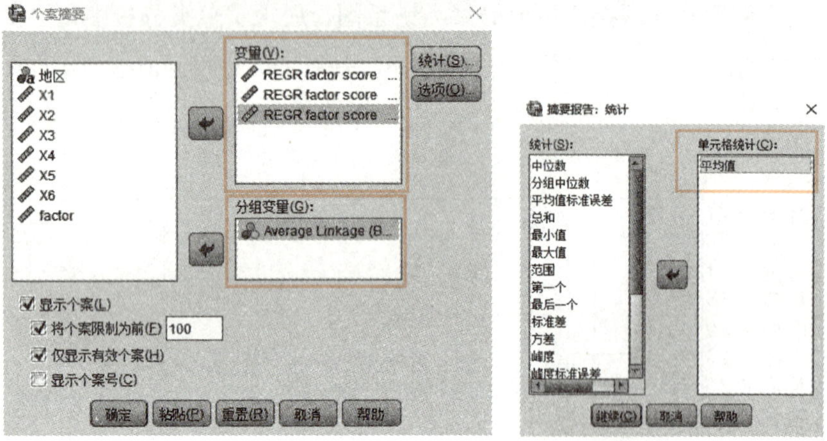

图 4-18　打开“个案摘要：统计”对话框

单击“统计”按钮，弹出“摘要报告：统计”对话框（图 4-18），选择“平均值”统计量，单击“继续”按钮返回主对话框，再单击“确定”按钮即可出现报告，如表 4-48 所示。

表 4-48　个案摘要[a]

			REGR factor score 1 for analysis 1	REGR factor score 2 for analysis 1	REGR factor score 3 for analysis 1
Average Linkage (Between Groups)	1	1	2. 153 40	0. 256 44	-0. 554 60
		2	1. 570 36	0. 591 93	-1. 190 53
		3	1. 929 13	0. 931 66	-1. 538 03
		总计　平均值	1. 884 299 5	0. 593 345 2	-1. 094 387 8
	2	1	0. 957 18	-1. 208 38	0. 532 18
		2	-0. 422 84	0. 873 35	0. 558 08
		3	-0. 687 81	-0. 343 69	-0. 062 48
		4	-0. 957 07	-0. 852 56	0. 908 21
		5	-0. 503 70	-0. 345 15	0. 119 89
		6	-0. 343 25	0. 064 01	0. 392 54
		7	0. 320 73	1. 503 35	1. 041 12
		8	-0. 585 24	0. 049 20	0. 220 83
		9	0. 517 62	-0. 484 62	-0. 661 19
		10	-0. 508 93	-0. 254 10	-0. 320 38
		11	-0. 287 38	0. 832 20	1. 233 99

表4-48(续)

			REGR factor score 1 for analysis 1	REGR factor score 2 for analysis 1	REGR factor score 3 for analysis 1
Average Linkage (Between Groups)	2	12	-0. 914 72	0. 473 92	0. 846 74
		13	-0. 237 71	1. 138 79	-0. 631 01
		14	-0. 081 09	0. 983 79	-0. 867 16
		15	0. 045 04	-0. 102 62	-0. 868 58
		16	0. 420 41	-1. 449 90	-1. 003 43
		17	-0. 525 73	-0. 531 22	-0. 720 17
		18	-0. 558 40	-0. 113 14	-0. 151 76
		19	-0. 798 82	0. 267 24	-0. 372 01
		20	-0. 871 55	-0. 767 88	-0. 496 69
		21	-0. 573 57	-1. 572 66	-0. 470 80
		22	-0. 601 18	-1. 576 95	-0. 407 96
		23	-0. 206 67	-0. 734 65	-0. 392 11
		总计 平均值	-0. 321 942 0	-0. 180 508 6	-0. 068 354 4
	3	1	-0. 443 84	0. 163 52	2. 791 15
		总计 平均值	-0. 443 839 9	0. 163 515 2	2. 791 148 6
	4	1	2. 949 81	-0. 732 73	2. 464 65
		总计 平均值	2. 949 810 0	-0. 732 734 6	2. 464 647 9
	5	1	-0. 754 20	2. 940 88	-0. 400 48
		总计 平均值	-0. 754 201 5	2. 940 882 3	-0. 400 480 9
	总计	平均值	0. 000 000 0	0. 000 000 0	0. 000 000 0

a. 限于前 100 个个案。

根据因子贡献率计算各聚类的因子综合得分，补充完成表 4-49。

表 4-49 因子综合得分

类别	人均收入因子	教育贸易机构因子	新增贸易额因子	因子综合得分
1	1. 884 299 5	0. 593 345 2	-1. 094 387 8	0. 845 025 6
2	-0. 321 942 0	-0. 180 508 6	-0. 068 354 4	-0. 212 853 2
3	-0. 443 839 9	0. 163 515 2	2. 791 148 6	0. 326 681 8
4	2. 949 810 0	-0. 732 734 6	2. 464 647 9	1. 500 408 6
5	-0. 754 201 5	2. 940 882 3	-0. 400 480 9	0. 533 457 7

综合得分大于0的聚类贸易发展状况较好，并且数值越大时说明该类中地区贸易发展状况越好；综合得分低于0的聚类贸易发展状况较差，并且数值越小时说明该类中地区贸易发展状况越差。

综合表中分析结果，第4类（上海）发展最好，其次是第1类（北京、浙江、广东），第5类（四川），第3类（辽宁），其他地区发展状况较差。

【实验作业】我国制造业产业贸易竞争力的因子分析。

产业贸易竞争力是个相比较的概念，因此，它是可以通过选择一定评价产业贸易竞争力的指标体系进行比较分析的。产业贸易竞争力综合评价指标体系设计的基本出发点是既要能够客观、准确地反映产业贸易竞争力，又要尽可能利用现有的统计资料提供的数据。指标体系的规模要适当，如果指标太少，虽然能够减少评价的工作量，但是难以综合反映评价对象的特征；如果指标太多，虽然有利于把握评价对象的特征，但是加大了评价的工作量。为了科学、全面、准确地选择产业贸易竞争力评价的指标体系，遵循科学性和可行性相结合的原则、重点和准确相结合的原则、过程指标和状态指标相结合的原则，我们选取了如下指标体系来评价我国制造业的贸易竞争力。

X_1 为工业总产值（万元）；

X_2 为工业增加值（万元）；

X_3 为增加值率（%）；

X_4 为成本费用利润率（%）；

X_5 为全员劳动生产率（%）；

X_6 为产品销售率（%）；

X_7 为产品外销率（%）；

X_8 为科技活动人员（人）；

X_9 为高级技术人员投入强度（%）；

X_{10} 为经费支出总额（万元）；

X_{11} 为技术经费投入强度（%）；

X_{12} 为新产品产值（万元）；

X_{13} 为新产品产值率（%）；

X_{14} 为固定资产原值（万元）；

X_{15} 为固定资产净值（万元）；

X_{16} 为固定资产新度系数（%）；

X_{17} 为职工装备水平（万元/人）；

X_{18} 为总资产贡献率（%）；

X_{19} 为资本保值增值率（%）；

X_{20} 为流动资产周转率（%）。

在因子分析的基础上，运用SPSS软件对数据进行聚类分析。

第五章

贸易行为关系分析

第一节 贸易行为回归分析

一、多元回归分析概述

现实生活中，一个被解释变量往往受到多个因素的影响，比如，GDP 的增长由投资、消费、出口等因素拉动；商品的消费需求不但受商品本身的价格影响，还受到消费者的偏好、收入水平、替代品价格、互补品价格、对商品价格的预测以及消费者的数量等诸多因素的影响。在分析这些问题的时候，就需要借助多元回归模型来进行量化分析。由于非线性模型可以通过变量替换转化为线性模型，在此我们以多元线性回归模型为讨论对象。

（一）多元线性回归模型的一般形式

设随机变量 y 与一般变量 x_1，x_2，…，x_p 的线性回归模型为

$$y = \beta_0 + \beta_1 x_1 + \beta_2 x_2 + \cdots + \beta_p x_p + \varepsilon$$

其中，β_0，β_1，…，β_p 是 $p+1$ 个未知参数，β_0 为回归常数，β_1，β_2…，β_p 为回归系数；y 为被解释变量（因变量）；x_1，x_2，…，x_p 为 p 个可以精确测量并可控制的一般变量，称为解释变量（自变量）。当 $p=1$ 时，上式为一元线性回归模型，当 $p \geqslant 2$ 时，我们就称上式为多元线性回归模型。其中，ε 是随机误差项，与一元线性回归一样，对随机误差项我们常假定：

$$\begin{cases} E(\varepsilon) = 0 \\ \mathrm{var}(\varepsilon) = \sigma^2 \end{cases}$$

称

$$E(y) = \beta_0 + \beta_1 x_1 + \beta_2 x_2 + \cdots + \beta_p x_p$$

为理论回归方程。

对于一个实际问题，如果我们获得 n 组观测数据 $(x_{i1}, x_{i2}, \cdots, x_{ip}; y_i)(i=1, 2, \cdots, n)$，则线性回归模型可表示为

$$\begin{cases} y_1 = \beta_0 + \beta_1 x_{11} + \beta_2 x_{12} + \cdots + \beta_p x_{1p} + \varepsilon_1 \\ y_2 = \beta_0 + \beta_1 x_{21} + \beta_2 x_{22} + \cdots + \beta_p x_{2p} + \varepsilon_2 \\ \qquad \vdots \\ y_n = \beta_0 + \beta_1 x_{n1} + \beta_2 x_{n2} + \cdots + \beta_p x_{np} + \varepsilon_n \end{cases}$$

写成矩阵形式为

$$\boldsymbol{y} = X\boldsymbol{\beta} + \boldsymbol{\varepsilon}$$

其中

$$\boldsymbol{y} = \begin{bmatrix} y_1 \\ y_2 \\ \vdots \\ y_n \end{bmatrix}, \quad X = \begin{bmatrix} 1 & x_{11} & x_{12} & \cdots & x_{1p} \\ 1 & x_{21} & x_{22} & \cdots & x_{2p} \\ \vdots & \vdots & \vdots & \ddots & \vdots \\ 1 & x_{n1} & x_{n2} & \cdots & x_{np} \end{bmatrix}$$

$$\boldsymbol{\beta} = \begin{bmatrix} \beta_0 \\ \beta_1 \\ \vdots \\ \beta_p \end{bmatrix}, \quad \boldsymbol{\varepsilon} = \begin{bmatrix} \varepsilon_1 \\ \varepsilon_2 \\ \vdots \\ \varepsilon_n \end{bmatrix}$$

（二）多元线性回归模型的基本假定

为了方便进行模型的参数估计，对回归方程有如下一些基本假定。

（1）解释变量 $x_1, x_2, \cdots, x_p$ 是确定性变量，不是随机变量，且要求 $rank(X) = p+1 < n$。

（2）随机误差项具有 0 均值和等方差，即

$$\begin{cases} E(\varepsilon_i) = 0, \ i = 1, 2, \cdots, n \\ \operatorname{cov}(\varepsilon_i, \varepsilon_j) = \begin{cases} \sigma^2, & i = j \\ 0, & i \neq j \end{cases} \end{cases}$$

这个假定称为高斯-马尔可夫条件。

（3）正态分布的假定条件为

$$\begin{cases} \varepsilon_i \sim N(0, \sigma^2), \ i = 1, 2, \cdots n \\ \varepsilon_1, \varepsilon_2, \cdots, \varepsilon_n \quad \text{相互独立} \end{cases}$$

（三）多元线性回归方程的解释

一般情况下，对于含有 p 个自变量的多元线性回归，根据理论回归方程，有 $\frac{\partial E(y)}{\partial x_i} = \beta_i$，从而每个回归系数 β_i 表示在回归方程中其他自变量保持不变的情况下，自变量 x_i 每增加一个单位时因变量 y 的平均增加程度。因此也把多元线性回归的回归系数称为偏回归系数，简称为回归系数。

二、多元回归参数的估计与检验

（一）回归参数的估计

1. 最小二乘估计（OLSE）

多元线性回归方程未知参数 β_0，β_1，…，β_p 的估计与一元最小二乘估计线性回归方程的参数估计原理一样，仍然采用最小二乘估计（OLSE）。对于回归模型矩阵形式表示的回归模型 $\boldsymbol{y} = X\boldsymbol{\beta} + \varepsilon$，所谓最小二乘法，就是寻找参数 β_0，β_1，…，β_p 的估计值 $\hat{\beta}_0$，$\hat{\beta}_1$，$\hat{\beta}_2$，…，$\hat{\beta}_p$，使离差平方和

$$Q(\beta_0, \beta_1, \beta_2, \cdots, \beta_p) = \sum_{i=1}^{n} (y_i - \beta_0 - \beta_1 x_{i1} - \beta_2 x_{i2} - \cdots - \beta_p x_{ip})^2$$

达到最小。

当 $(X^T X)^{-1}$ 存在时，推导可得回归参数的最小二乘估计为

$$\hat{\beta} = (X^T X)^{-1} X^T y$$

并称

$$\hat{y} = \hat{\beta}_0 + \hat{\beta}_1 x_1 + \hat{\beta}_2 x_2 + \cdots + \hat{\beta}_p x_p$$

为经验回归方程。

$$e_i = y_i - \hat{y}_i$$

为 $y_i (i = 1, 2, \cdots, n)$ 的残差。$\boldsymbol{e} = (e_1, e_2, \cdots, e_n)^T = y - \hat{y}$ 为回归残差向量。

误差项方差 σ^2 的无偏估计为

$$\hat{\sigma}^2 = \frac{1}{n-p-1}\mathrm{SSE} = \frac{1}{n-p-1}(e^T e) = \frac{1}{n-p-1}\sum_{i=1}^{n} e_i^2$$

2. 回归参数的最大似然估计（MLE）

多元线性回归参数的 MLE 与一元线性回归时 MLE 的思想也是一致的。并且在正态假定的条件下，回归参数 β 的 MLE 与 OLSE 完全相同，即

$$\hat{\beta} = (X^T X)^{-1} X^T y$$

误差项方差 σ^2 的 MLE 为

$$\hat{\sigma}_L^2 = \frac{1}{n}\mathrm{SSE} = \frac{1}{n}(e^T e)$$

这是 σ^2 的有偏估计，但是它满足一致性。在大样本的情况下，是 σ^2 的渐近无偏估计量。

（二）方差分析与回归参数检验

在实际问题的研究中，我们不能事先确定随机变量 y 与 x_1，x_2，…，x_p 之间是否存在线性关系，只能根据定性分析所作的假设，用多元线性回归方程去拟合随机变量 y 与变量 x_1，x_2，…，x_p 之间的关系。因此，在求出线性回归方程后，还需要对方程进行显著性检验。下面介绍两种统计检验方法，一种是检验回归方程显著性的 F 检验，另一个是检验回归系数显著性的 t 检验。

1. 回归方程的显著性检验（F 检验）

对多元线性回归方程的显著性进行 F 检验就是要看自变量 x_1，x_2，…，x_p 从整体上对随机变量 y 是否具有明显的影响。为此提出原假设

$$H_0: \beta_1 = \beta_2 = \cdots = \beta_p = 0$$

如果 H_0 被接受，则表明随机变量 y 与 x_1，x_2，…，x_p 的关系式由线性回归模型表示不合适。

2. 回归系数的显著性检验（t 检验）

在多元线性回归中，回归方程显著并不意味着每个自变量对 y 的影响都显著，因此我们希望从回归方程中剔除那些次要的、可有可无的变量，重新建立更为简单的回归方程，需要我们对每个自变量进行显著性检验。

显然，如果某个自变量 x_j 对 y 的作用不显著，那么在回归模型中，它的系数 β_j 就

取值为零。因此，检验变量 x_j 是否显著，等价于检验假设

$$H_0: \beta_j = 0, \ j = 1, \ 2, \ \cdots, \ p$$

如果接受原假设，则 x_j 不显著；如果拒绝原假设，则 x_j 是显著的。

3. 回归系数的置信区间

当我们有了参数向量 β 的估计量 $\hat{\beta}$ 时，$\hat{\beta}$ 与的 β 接近度如何？这就需要构造一个以 $\hat{\beta}_j$ 为中心的区间，该区间以一定的概率包含 β_j。仿照一元线性回归系数区间估计的推导过程，可得 β_j 的置信度为 $1-\alpha$ 的置信区间为

$$(\hat{\beta}_j - t_{\alpha/2}\sqrt{c_{jj}}\hat{\sigma}, \ \hat{\beta}_j + t_{\alpha/2}\sqrt{c_{jj}}\hat{\sigma})$$

4. 拟合优度

拟合优度用于检验回归方程对样本观测值的拟合程度。类似于一元线性回归，可以定义样本决定系数为

$$R^2 = \frac{SSR}{SST} = 1 - \frac{SSE}{SST}$$

R^2 的取值在 [0, 1] 区间内，R^2 越接近于 1，表明回归拟合的效果越好；R^2 越接近于 0，表明回归拟合的效果越差。与 F 检验相比，R^2 可以更清楚直观地反映回归拟合的效果，但是并不能作为严格的显著性检验。

【实验】某商场男装销售的多元模型。为了研究某商场服装销售额与该商场商品服务质量之间的关系，以男装销售额（Men）作为因变量，以商品目录邮寄数(Mail)、商品目录中的页数(Page)、用于订购的电话数(Phone)、印刷广告的费用(Print) 以及客服代表数(Service) 为自变量，建立多元线性回归模型。数据如表 5-1 所示。

表 5-1　某商场男装销售额数据

日期	男装销售/元	女装销售/元	珠宝销售/元	商品目录邮寄数/份	商品目录中的页数/页	用于订购的电话系数	印刷广告的费用/元	客服代表数/个
01/01/1989	11 357.92	16 578.93	10 776.38	7 978	73	34	22 294.48	20
02/01/1989	10 605.95	18 236.13	10 821.97	8 290	88	29	27 426.47	20
03/01/1989	16 998.57	43 393.55	22 845.79	8 029	65	24	27 978.66	26
04/01/1989	6 563.75	30 908.49	11 102.62	7 752	85	20	28 949.65	22
05/01/1989	6 607.69	28 701.58	16 066.57	8 685	74	17	22 642.27	21
06/01/1989	9 839	29 647.57	11 061.28	7 847	87	30	27 210.61	23

表5-1(续)

日期	男装销售/元	女装销售/元	珠宝销售/元	商品目录邮寄数/份	商品目录中的页数/页	用于订购的电话系数	印刷广告的费用/元	客服代表数/个
07/01/1989	9 398.32	31 141.51	11 328.97	7 881	79	28	26 632.96	22
08/01/1989	10 395.53	31 177.31	16 788.87	8 121	72	27	30 374.97	20
09/01/1989	11 663.13	30 672.37	14 452.61	7 811	83	35	26 794.79	15
10/01/1989	12 805.22	37 633.38	16 055.82	8 706	111	25	32 808.14	20
11/01/1989	13 636.25	33 890.92	24 556.51	8 811	74	30	28 589.74	16
12/01/1989	22 849.01	51 378	34 645.89	10 309	105	45	38 738.65	29
01/01/1990	12 325.8	18 103.06	11 528.22	8 081	66	35	22 723.68	22
02/01/1990	8 273.58	20 979.5	12 884.84	8 378	59	20	24 912.46	28
03/01/1990	10 061.19	34 503.12	14 748.19	8 586	60	25	29 917.5	28
04/01/1990	11 497.76	26 783.96	9 595.2	8 438	82	35	20 911.52	22
05/01/1990	10 363.16	31 790.15	15 926.02	8 589	91	28	26 902.89	24
06/01/1990	10 194.68	32 432.74	11 383.03	8 565	80	25	26 079.17	25
07/01/1990	8 401.24	37 180.05	16 052.95	8 526	64	24	35 957.27	28
08/01/1990	13 642.89	29 658.85	14 803.38	8 978	74	32	25 415.96	19
09/01/1990	12 772.63	33 238.46	14 125.4	8 761	87	28	26 777.6	18
10/01/1990	14 539.47	35 679.33	15 385.17	8 512	105	33	30 745.64	20
11/01/1990	14 927.35	37 238.87	20 424.64	8 697	88	34	25 929.75	26
12/01/1990	19 170.12	46 766.94	27 035.25	11 120	87	29	25 721.56	30
01/01/1991	11 771.4	21 752.78	12 735.82	9 115	65	30	26 496.36	27
02/01/1991	10 278.09	20 789.67	11 535.17	8 216	70	26	24 515.26	27
03/01/1991	11 857.59	37 427.02	12 908.51	9 358	72	28	28 598.31	31
04/01/1991	9 516.91	37 578.38	12 236.03	8 835	78	21	28 643.72	33
05/01/1991	10 074.24	34 424.09	19 524.75	8 565	91	24	34 392.47	23
06/01/1991	19 504.5	47 208.79	21 888.88	9 589	78	24	27 145.35	28
07/01/1991	12 519.27	34 389.18	14 527.26	9 109	58	33	29 144.26	24
08/01/1991	8 567.18	34 637.01	14 252.13	8 613	92	23	29 190.44	28
09/01/1991	9 671.22	35 092.11	13 179.92	9 679	90	22	25 201.85	24
10/01/1991	11 556.62	34 735.17	15 685.61	9 152	91	24	27 234.64	22
11/01/1991	15 507.65	33 201.77	22 397.62	9 132	82	32	28 184.79	18
12/01/1991	25 896.35	51 760.84	34 065.23	11 574	82	40	33 831.45	32

表5-1(续)

日期	男装销售/元	女装销售/元	珠宝销售/元	商品目录邮寄数/份	商品目录中的页数/页	用于订购的电话系数	印刷广告的费用/元	客服代表数/个
01/01/1992	11 218.73	20 078.4	9 688.41	9 383	86	32	22 732.91	27
02/01/1992	17 277.72	34 596.86	25 361.35	9 003	54	27	33 446.1	26
03/01/1992	8 214.14	35 220.07	12 665.57	9 435	71	17	29 231.36	28
04/01/1992	11 111.67	34 564.35	8 713.27	9 305	114	27	28 140.75	28
05/01/1992	13 446.88	36 778.06	20 272.69	9 069	52	36	27 821.67	31
06/01/1992	11 751.36	38 882.75	12 767.12	9 516	70	28	28 836.56	35
07/01/1992	13 703.47	39 468.25	10 732.06	9 174	90	36	28 031.41	36
08/01/1992	16 227.79	38 713.5	13 707.49	10 047	86	35	26 973.08	35
09/01/1992	11 958.03	43 817.01	17 265.92	9 173	79	25	33 723.18	34
10/01/1992	16 492.76	46 250.72	17 768.15	9 887	92	32	30 709.69	36
11/01/1992	11 907.34	40 400.87	24 859.85	8 740	82	26	30 619.22	32
12/01/1992	26 432.44	60 642.61	30 119.79	12 768	89	39	28 435.54	45
01/01/1993	12 340.27	23 663.65	11 616.36	9 281	80	36	27 079.19	35
02/01/1993	10 750.18	24 400.76	13 871.31	9 914	58	28	27 746.94	37
03/01/1993	11 469.63	37 879.2	10 974.73	9 516	84	28	26 989.71	37
04/01/1993	11 746.92	41 884.14	12 619.47	9 510	79	29	30 117.31	41
05/01/1993	21 228.59	53 541.03	29 350.61	10 378	79	33	30 507.91	37
06/01/1993	11 683.26	39 528.52	11 729.62	9 286	68	27	26 337.39	38
07/01/1993	12 900.04	43 131.16	12 964.55	10 206	88	32	34 386.65	35
08/01/1993	14 274.13	38 643.97	15 087.12	9 731	80	33	29 018.32	33
09/01/1993	15 443.74	44 413.45	14 242.49	9 705	82	33	28 299.6	35
10/01/1993	16 823.61	46 639.55	18 342.97	9 873	83	29	31 942.43	36
11/01/1993	15 438.89	49 281.79	24 040.76	10 239	92	29	32 450.62	40
12/01/1993	27 831.92	65 196.81	32 845.9	12 619	93	42	34 049.63	49
01/01/1994	12 725.7	22 513.18	12 027.85	9 598	72	37	27 092.93	31
02/01/1994	12 583.02	22 573.29	12 062.75	9 924	77	33	28 142.24	28
03/01/1994	12 640.57	37 414.13	11 659.91	9 938	70	30	26 488.64	32
04/01/1994	15 439.02	41 151.05	12 551.13	10 336	72	37	29 197.42	38
05/01/1994	11 314.28	42 418.67	20 888.1	10 078	66	27	31 539.69	37
06/01/1994	15 956.74	35 911.73	12 082.33	10 502	77	40	28 424.15	28

表5-1(续)

日期	男装销售/元	女装销售/元	珠宝销售/元	商品目录邮寄数/份	商品目录中的页数/页	用于订购的电话系数	印刷广告的费用/元	客服代表数/个
07/01/1994	14 710.61	34 901.72	9 937.81	9 727	101	37	27 467.78	30
08/01/1994	17 777.68	40 581.52	17 400.57	10 843	66	36	29 982.77	32
09/01/1994	26 931.2	61 179.2	26 013.42	10 195	85	43	31 706.32	40
10/01/1994	19 135.79	44 547.37	14 286.86	10 069	87	37	22 909.04	40
11/01/1994	17 430.03	50 375.31	26 372.54	10 413	82	33	32 400.11	42
12/01/1994	31 090.05	63 823.61	29 037.81	13 194	102	54	30 816.16	50
01/01/1995	23 967.98	38 327.12	22 947.13	10 363	80	45	31 244.64	38
02/01/1995	17 439.42	26 802.52	13 105.9	10 315	75	47	29 868.8	39
03/01/1995	17 882.83	43 726.64	13 841.98	10 942	51	47	27 131.9	43
04/01/1995	12 688.89	44 153.56	9 597.03	10 430	91	30	24 608.19	45
05/01/1995	12 694.22	50 111.22	17 361.45	10 259	82	31	29 251.61	56
06/01/1995	6 766.94	23 246.3	5 983.55	10 537	77	31	28 675.14	49
07/01/1995	13 586.38	44 048.71	13 489.52	11 330	66	28	28 903.27	41
08/01/1995	12 651.74	38 977.73	11 396.69	10 260	99	26	24 925.65	39
09/01/1995	16 536.12	45 705.63	18 238.1	10 459	51	35	28 918.53	34
10/01/1995	22 533.51	44 370.37	12 411.75	10 922	110	45	23 991.03	36
11/01/1995	19 229.11	47 942.89	23 347.51	10 599	85	35	28 956.02	38
12/01/1995	28 694.6	73 918.34	38 231.57	14 508	96	39	40 027.78	52
01/01/1996	17 679	28 182.68	12 883.5	9 862	80	47	30 981.43	42
02/01/1996	16 991.33	28 526.25	14 239.68	11 626	69	39	30 864.11	40
03/01/1996	16 375.99	44 341.36	13 989.38	10 719	72	40	30 878.74	42
04/01/1996	22 562.4	52 901.81	23 358.82	10 065	77	34	29 963.57	37
05/01/1996	15 713.78	42 483.37	18 503.74	11 398	80	34	26 957.77	42
06/01/1996	16 788.99	44 115.29	11 558.59	10 948	89	40	26 925.34	44
07/01/1996	15 460.81	40 648.21	13 444.29	11 041	76	36	30 604.92	33
08/01/1996	19 541.03	41 637.65	13 782.44	11 022	72	41	22 690.31	41
09/01/1996	17 080.42	51 194.98	13 288.08	10 789	102	37	28 642.16	45
10/01/1996	23 491.87	50 884.34	17 955.04	11 419	87	41	29 108.63	47
11/01/1996	24 450.6	47 875.82	20 520.58	11 419	89	45	24 164.44	43
12/01/1996	34 028.01	69 112.81	34 929.23	13 666	91	52	34 843.65	54

表5-1(续)

日期	男装销售/元	女装销售/元	珠宝销售/元	商品目录邮寄数/份	商品目录中的页数/页	用于订购的电话系数	印刷广告的费用/元	客服代表数/个
01/01/1997	17 917.91	25 647.49	11 043.41	11 611	75	40	23 542.26	41
02/01/1997	15 596.13	24 421.91	11 384.9	10 882	81	36	27 434.75	35
03/01/1997	15 604.66	40 030.11	13 779.56	11 288	64	37	28 652.3	32
04/01/1997	17 874.44	41 055.37	12 655.11	11 096	87	43	31 720.31	36
05/01/1997	17 242.11	46 385.56	22 997.57	11 224	57	41	32 246.55	46
06/01/1997	17 979.72	45 873.16	10 989.57	11 483	104	41	29 281.37	44
07/01/1997	19 080.03	45 480.15	11 888.01	11 643	71	43	25 594.92	49
08/01/1997	18 758.66	48 561.86	16 730.92	10 893	66	40	28 863.19	50
09/01/1997	3 245.18	31 578.77	8 641.83	1 147	89	42	29 526.59	45
10/01/1997	23 241.04	57 673.57	15 047.7	12 260	106	38	26 296.05	51
11/01/1997	22 452.33	52 061.74	21 102.2	11 168	78	39	21 447.37	50
12/01/1997	38 236.59	75 818.17	33 785.72	14 370	85	59	31 109.75	63
01/01/1998	22 028.8	31 267.58	10 388.66	11 890	92	50	24 474.3	53
02/01/1998	17 719.9	31 514.68	15 582.68	11 722	57	42	32 105.83	50
03/01/1998	19 408.95	49 715.25	11 647.56	11 589	86	50	27 143.16	53
04/01/1998	14 169.61	52 026.07	13 117.08	11 633	67	32	28 349.67	58
05/01/1998	19 916.02	41 038.75	13 195.13	11 951	88	47	18 061.2	41
06/01/1998	19 001.89	48 329.36	12 642.91	11 706	80	49	29 071.06	46
07/01/1998	18 631.15	44 961.98	12 554.13	11 460	80	46	28 232.17	43
08/01/1998	30 208.17	58 660.76	24 377.91	11 808	85	44	26 668.16	45
09/01/1998	24 467.94	57 791.14	16 044	12 781	83	49	29 911.68	54
10/01/1998	23 602	56 329.4	15 974.66	11 690	95	43	27 872.97	55
11/01/1998	24 289.32	54 617.35	23 753.23	11 393	76	48	26 047.7	53
12/01/1998	38 609.66	80 245.97	35 893.86	15 263	95	53	36 666.6	68

1. 作数据散点图

作数据散点图可以观察因变量与自变量之间的关系是否有线性特点。

（1）依次点击“图形”→“旧对话框”→“散点/点状”→“简单散点图”（请将实验结果展示在下面，后同）。

（2）将因变量男装销售额选入 Y 轴，女装销售额、珠宝销售额、商品目录邮寄数等依次选入 X 轴，单击“确定”按钮，做出 7 个散点图，以助判断。

2. 回归模型的建立

（1）按“分析”→“回归”→“线性”顺序打开“线性回归”对话框。

（2）在左侧源变量框中选择变量男装销售额作为因变量，选择商品目录中的页数、用于订购的电话数、印刷广告的费用以及客服代表数作为自变量。

（3）在“方法”中选择“输入”方法。

（4）点击“统计”按钮，打开“线性回归：统计”对话框。在“回归系数”选项组选择“估计值”“置信区间”（置信水平为 95%）“模型拟合”“R 方变化量”“共线性诊断”；在“残差”选项组选择“个案诊断”（离散值上下差为 3 个标准差）。单击“继续”按钮，回到“线性回归”对话框。

（5）单击“保存”按钮，打开“线性回归：保存”对话框。在“预测值”选项组选择“未标准化”“标准化”，在“残差”选项组选择“未标准化”“标准化”，在“距离”选项组选择“马氏距离”，在“影响统计”选项组选择“标准化 DfBeta”，在“预测区间”选项组选择“平均值”（置信度在95%水平）。单击“继续”按钮，回到“线性回归”对话框。

（6）单击“确定”按钮，得到输出结果如下：

二、时间序列回归分析

时间序列数据用于描述现象随时间发展变化的特征。时间序列是指系统中某一变量的观测值按时间顺序（时间间隔相同）排列成一个数值序列，其展示研究对象在一定时期内的变动过程。通过处理预测目标本身的时间序列数据，获得事物随时间过程的演变特性与规律，进而预测事物的未来发展。时间序列分析就是从中寻找和分析事物的变化特征、发展趋势和规律，它是系统中某一变量受其他各种因素影响的总结果。时间序列数据区别于普通资料的本质特征是相邻观测值之间的依赖性，或称自相关性。

（一）时间序列数据及其分析方法

时间序列数据特点。①趋势性。某个变量随着时间进展或自变量变化，呈现一种比较缓慢而长期的持续上升、下降、停留的同性质变动趋向，但变动幅度可能不等。另外，同一序列在不同时期可能表现出不同的长期趋势，如某商品的销量，在产品初期具有向上趋势；在产品成长期有加速向上趋势；在产品成熟期表现出缓慢增长的趋势；在产品末期呈向下的趋势。②季节性。按时间变动，呈现重复性行为的序列，季节性变动通常和日期、气候或年周期有关。例如，电风扇和空调的销售量，在夏季多，而冬季少；每一天的交通流量，在上下班时间出现高峰，其余时间则较为稳定；圣诞节之前，玩具的销售量总会增加等。③周期性。某因素由于外部影响随着自然季节的交替出现高峰与低谷的规律。

对时间序列数据分析最常用的方法有：指数平滑法、最回归法、ARIMA 法及季节分解法。

（二）时间序列分析的模型的分类

1. 自回归过程

如果一个线性随机过程可以表示为

$$Y_t = \varphi_1 Y_{t-1} + \varphi_2 Y_{t-2} + \cdots + \varphi_p Y_{t-p} + v_t$$

其中 φ_1，φ_2，…，φ_p 是回归系数，v_t 是白噪声，则称上式为 p 阶自回归过程，用 AR（p）表示。它是由 Y_t 的 p 个滞后变量的加权和以及 v_t 相加而成的，因此称为自回归过程。

对于自回归模型 AR（p），如果特征方程 $\Phi(Z) = (1 - \rho_1 Z - \rho_2 Z^2 - \cdots - \rho_p Z^p) = 0$ 的所有根的绝对值都大于 1（根的模大于 1），则该自回归模型 AR（p）是平稳的，即该随机过程是平稳的。

2. 移动平均过程

若果一个线性随机过程可以表示为

$$Y_t = v_t + \theta_1 v_{t-1} + \theta_2 v_{t-2} + \cdots + \theta_q v_{t-q}$$

θ_1，θ_2，…，θ_q 是回归系数，v_t 是白噪声，则称上式为 q 阶移动平均过程。上式可以用滞后算子表示为

$$Y_t = (1 + \theta_1 L + \theta_2 L^2 + \cdots + \theta_q L^q) v_t$$

由定义可知，任何一个 q 阶移动平均过程都是由 $q+1$ 个白噪声变量的加权和组成，因此有限阶移动平均过程都是平稳的过程。

3. 自回归移动平均过程

由自回归和移动平均两部分共同构造的随机过程称为自回归移动平均过程，记为 ARMA（p，q），其中 p，q 为自回归和移动平均分量的滞后阶数。ARMA（p，q）的一般表达式为

$$Y_t = \varphi_1 Y_{t-1} + \varphi_2 Y_{t-2} + \cdots + \varphi_p Y_{t-p} + v_t + \theta_1 v_{t-1} + \theta_2 v_{t-2} + \cdots + \theta_q v_{t-q}$$

ARMA（p，q）模型是由 AR（p）模型和 MA（q）模型组合而成的。由于 MA（q）模型总是平稳的，因此 ARMA（p，q）模型的平稳性就只依赖于 AR（p）部分的平稳性。如果 AR（p）部分是平稳的，则 ARMA（p，q）模型是平稳的。

如果特征方程的根的值在单位圆上，则称这种根为单位根，含有单位根的时间序列是非平稳的时间序列。但经过若干次差分后该过程可以转化为平稳过程。如果随机过程 Y_t 经过 d 次差分后可以变换为一个包含 p 阶自回归算子，q 阶移动平均算子的平稳随机过程，则称为（p，d，q）阶单整自回归移动平均过程，记为 ARIMA（p，d，q）过程。

（三）时间序列预测的程序

时间序列分析的一个主要目的就是根据已有的历史数据对未来进行预测。时间序列含有不同的成分，如趋势、季节性、周期性和随机性等。一个具体的时间序列可能只含有一种成分，也可能同时含有几种成分。含有不同成分的时间序列所用的预测方法是不同的。因此，在对时间序列进行预测时，通常包括以下几个步骤：

第 1 步：确定时间序列所包含的成分，也就是确定时间序列的类型。

第 2 步：找出适合此类时间序列的预测方法。

第 3 步：对可能的预测方法进行评估，以确定最佳预测方案。

第 4 步：利用最佳预测方案进行预测。

1. 确定时间序列的成分

（1）确定趋势成分。

确定趋势成分是否存在，可以从绘制时间序列的线图入手。从时间序列线图观察是否存在趋势，以及所存在的趋势是线性的还是非线性的。

判断趋势成分是否存在的另一种方法是利用回归分析拟合一条趋势线，然后对回归系数进行显著性检验。如果回归系数显著，就可以得出线性趋势显著的结论。

（2）确定季节成分。

确定季节成分是否存在，至少需要两年的数据，而且数据需要按季度、月份、周

或天等来记录。确定季节成分也可以从绘制时间序列的线图入手，但需要一种特殊的时间序列图，即年度折叠时间序列图。绘制该图时，需要将每年的数据分开画在图上，也就是横轴只有一年的长度，每年的数据分别对应纵轴。如果时间序列只存在季节成分，那么年度折叠时间序列图中的折线会有交叉；如果时间序列既含有季节成分又含有趋势，那么年度折叠时间序列图中的折线不会有交叉，而且如果趋势是上升的，后面年度的折线将会高于前面年度的折线；如果趋势是下降的，后面年度的折线将低于前面的折线。

2. 选择预测方法

在确定了时间序列的类型后，预测程序的第 2 步就是选择适当的预测方法。利用时间序列数据进行预测时，通常假定过去的变化趋势会延续到未来，这样就可以根据过去已有的形态或模式进行预测。时间序列的预测方法既有传统方法，如简单平均法、移动平均法、指数平滑法等，也有较为精准的现代方法，如 Box-Jenkins 的自回归模型（ARMA）。

一般来说，任何时间序列中都会有不规则成分存在，而商务与管理数据中通常不考虑周期性，所以只剩下趋势成分和季节成分。

时间序列的类型和预测方法的选择如图 5-1 所示。

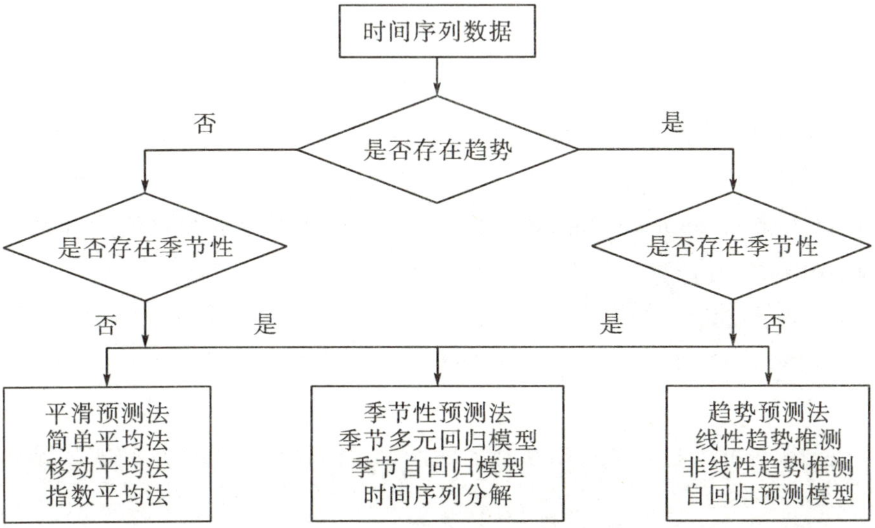

图 5-1 时间序列的类型和预测方法的选择

不含趋势和季节成分的时间序列，即平稳时间序列。平稳时间序列只含随机成分，只要通过平滑就可以消除随机波动，因此，这类预测方法也称为平滑预测法。对于只含有趋势成分的时间序列，可以采用趋势预测法。对于既含有趋势又含有季节成分的时间序列，则采用季节性预测法，该方法对于既含有季节成分也含有随机成分的时间序列同样适用。

3. 预测方法的评估

在选择某种特定的方法进行预测时，需要评价该方法的预测效果或准确性。评价的方法就是找出预测值与实际值的差距，这个差值就是预测误差。最优的预测方法也就是预测误差达到最小的方法。预测误差的计算方法有几种，包括平均误差、平均绝对误差、均方误差、平均百分比误差和平均绝对百分比误差等。选择哪种方法取决于预测者的目标、对方法的熟悉程度等。

（1）平均误差。

设时间序列的第 i 个观测值为 Y_i，预测值为 F_i，所有预测误差（$Y_i - F_i$）的平均数就是平均误差（mean error），用 ME 表示，其计算公式为

$$\mathrm{ME} = \frac{\sum_{i=1}^{n}(Y_i - F_i)}{n}$$

式中，n 为观测值的个数。

由于预测误差的数值可能有正有负，求和的结果就会相互抵消，在这种情况下，平均误差可能会低估误差。

（2）平均绝对误差。

平均绝对误差（mean absolute deviation）是将预测误差取绝对值后计算的平均误差，用 MAD 表示，其计算公式为

$$\mathrm{MAD} = \frac{\sum_{i=1}^{n}|Y_i - F_i|}{n}$$

平均绝对误差可以避免误差相互抵消的问题，因而可以准确反映实际预测误差的大小。

（3）均方误差。

均方误差（mean square error）是通过平方消去误差的正负号后计算的平均误差，

用 MSE 表示，其计算公式为

$$\mathrm{MSE}=\frac{\sum_{i=1}^{n}(Y_i-F_i)^2}{n}$$

（4）平均百分比误差和平均绝对百分比误差。

ME、MAD 和 MSE 的大小受时间序列数据的水平和计量单位的影响，有时并不能真正反映预测模型的好坏，它们只有在比较不同模型对同一数据的预测时才有意义。平均百分比误差（mean percentage error）和平均绝对百分比误差（mean absolute percentage error）则不同，它们消除了时间序列数据的水平和计量单位的影响，是反映误差大小的相对值。平均绝对误差用 MPE 表示，其计算公式为

$$\mathrm{MPE}=\frac{\sum_{i=1}^{n}\left(\frac{Y_i-F_i}{Y_i}\times 100\right)}{n}$$

平均绝对百分比误差用 MAPE 表示，其计算公式为

$$\mathrm{MAPE}=\frac{\sum_{i=1}^{n}\left(\frac{|Y_i-F_i|}{Y_i}\times 100\right)}{n}$$

上面介绍的预测误差的计算方法中哪种最优，还没有一致的看法。本节采用均方误差（MSE）来评价预测方法的优劣。

（四）平稳序列的预测

平稳时间序列通常只含有随机成分，其预测方法主要有简单平均法、移动平均法和指数平滑法等，这些方法主要通过对时间序列进行平滑以消除随机波动，因而也称为平滑法。平滑法既可用于对平稳时间序列进行短期预测，也可用于对时间序列进行平滑以描述序列的趋势（包括线性趋势和非线性趋势）。

1. 简单平均法

简单平均法是根据已有的 t 期观察值通过简单平均来预测下一期的数值。设时间序列已有的 t 期观察值为 Y_1，Y_2，…，Y_t，则 $t+1$ 期的预测值 F_{t+1} 为

$$F_{t+1}=\frac{1}{t}(Y_1+Y_2+\cdots+Y_t)=\frac{1}{t}\sum_{i=1}^{t}Y_i$$

到了 $t+1$ 期后，有了 $t+1$ 的实际值，便可计算出 $t+1$ 期的预测误差 e_{t+1}：

$$e_{t+1} = Y_{t+1} - F_{t+1}$$

于是，$t+2$ 期的预测值为

$$F_{t+2} = \frac{1}{t+1}(Y_1 + Y_2 + \cdots + Y_t + Y_{t+1}) = \frac{1}{t+1}\sum_{i=1}^{t+1} Y_i$$

以此类推。

2. 移动平均法

移动平均法（moving average）是通过对时间序列逐期递移求得平均数作为预测值的一种预测方法，其方法有简单移动平均法（simple moving average）和加权移动平均法（weighted moving average）两种。这里主要介绍简单移动平均法。

简单移动平均是将最近的 k 期数据加以平均，作为下一期的预测值。设移动间隔 $k(1 < k < t)$，则 t 期的移动平均值为

$$\bar{Y}_t = \frac{Y_{t-k+1} + Y_{t-k+2} + \cdots + Y_{t-1} + Y_t}{k}$$

上式是对时间序列的平滑结果，通过这些平滑值可以描述出时间序列的变化形态或趋势。当然，也可以用它们来进行预测。

$t+1$ 其的简单移动平均预测值为

$$F_{t+1} = \bar{Y}_t = \frac{Y_{t-k+1} + Y_{t-k+2} + \cdots + Y_{t-1} + Y_t}{k}$$

同样，$t+2$ 期的简单移动平均预测值为

$$F_{t+2} = \bar{Y}_{t+1} = \frac{Y_{t-k+2} + Y_{t-k+3} + \cdots + Y_t + Y_{t+1}}{k}$$

以此类推。

移动平均法只使用最近 k 期的数据，在每次计算移动平均值时，移动的间隔都为 k。该方法也适合对较为平稳的时间序列进行预测。应用时，关键是确定合理的移动间隔 k。对于同一个时间序列，采用不同的移动间隔，预测的准确性是不同的。可通过试验选择一个使均方误差最小的移动间隔。

3. 指数平滑法

指数平滑法（exponential smoothing）是通过对过去的观察值加权平均进行预测的一种方法，该方法使 $t+1$ 期的预测值等于 t 期的实际观察值与 t 期的预测值的加权平均

值。指数平滑法是加权平均的一种特殊形式，观察值的时间越远，其权数呈现指数下降，因而称为指数平滑。指数平滑法有一次指数平滑法、二次指数平滑法、三次指数平滑法等，此处主要介绍一次指数平滑法。

一次指数平滑法也称为单一指数平滑法（single exponential smoothing），它只有一个平滑系数，而且观察值离预测时期越久远，权数变得越小。一次指数平滑法将一段时期内的预测值与观察值的线性组合作为 $t+1$ 期的预测值，其预测模型为

$$F_{t+1} = \alpha Y_t + (1-\alpha)F_t$$

式中，Y_t 为 t 期的实际观察值；F_t 为 t 期的预测值；α 为平滑系数（$0<\alpha<1$）。

由上式可以看出，$t+1$ 期的预测值是 t 期的预测值的加权平均。由于在开始计算时还没有 1 期的预测值 F_1，通常可以设 F_1 等于 1 期的实际观察值，即 $F_1 = Y_1$。因此 2 期的预测值为

$$F_2 = \alpha Y_1 + (1-\alpha)F_1 = \alpha Y_1 + (1-\alpha)Y_1 = Y_1$$

3 期的预测值为

$$F_3 = \alpha Y_2 + (1-\alpha)F_2 = \alpha Y_2 + (1-\alpha)Y_1$$

4 期的预测值为

$$F_4 = \alpha Y_3 + (1-\alpha)F_3 = \alpha Y_3 + \alpha(1-\alpha)Y_2 + (1-\alpha)^2 Y_1$$

依此类推。可见任何预测值 F_{t+1} 都是以前所有的实际观察值的加权平均。尽管如此，并非所有过去的观察值都需要保留。实际上，一旦选定平滑系数 α，则只需要两项信息就可以计算预测值。预测模型 $F_{t+1} = \alpha Y_t + (1-\alpha)F_t$ 表明，只要知道 t 期的实际观察值 Y_t 与 t 期的预测值 F_t，就可以计算 $t+1$ 期的预测值。

对指数平滑法的预测精度，同样用均方误差来衡量。为此，将预测模型 $F_{t+1} = \alpha Y_t + (1-\alpha)F_t$ 写成下面的形式：

$$F_{t+1} = \alpha Y_t + (1-\alpha)F_t = \alpha Y_t + F_t - \alpha F_t = F_t + \alpha(Y_t - F_t)$$

可见，F_{t+1} 是 t 期的预测值 F_t 加上用 α 调整的 t 期预测误差（$Y_t - F_t$）。

使用指数平滑法时，关键的问题是确定一个合适的平滑系数 α，因为不同的 α 会对预测结果产生不同的影响。一般而言，当时间序列有较大的随机波动时，宜选较大的 α，以便尽快跟上近期的变化；当时间序列比较平稳时，宜选较小的 α。但实际应用时，还应考虑预测误差，这里仍用均方误差来衡量预测误差的大小。确定 α 时，可选择几个 α 进行预测，然后找出预测误差最小的作为最后的 α 值。

此外，与移动平均法一样，一次指数平滑法也可以用于对时间序列进行修匀，以消除随机波动，找出序列的变化趋势。

（五）趋势型序列的预测

上面介绍的平滑法都可以用于描述时间序列的趋势，包括线性趋势和非线性趋势。当用这些方法进行预测时，要注意它们一般只适合平稳时间序列，当序列存在明显的趋势或季节成分时，这些方法就不再适用。下面将介绍含有趋势成分的时间序列的预测方法。

时间序列的趋势可以分为线性趋势和非线性趋势两大类看，如果这种趋势能够延续到未来，那么就可以利用趋势进行外推预测。有趋势序列的预测方法主要有线性趋势预测、非线性趋势预测和自回归模型预测等。本节主要介绍线性趋势和非线性趋势的预测方法。

1. 线性趋势预测

线性趋势（linear trend）是指现象随着时间的推移而呈现出稳定增长或下降的线性变化规律。

当现象按线性趋势发展变化时，可以用下列线性趋势方程来描述：

$$\hat{Y}_t = b_0 + b_1 t$$

式中，$\hat{Y}_t$ 代表时间序列 Y_t 的预测值；t 代表时间；b_0 代表趋势线在 Y 轴上的截距，是当 $t=0$ 时 $\hat{Y}_t$ 的数值；b_1 是趋势线的斜率，表示时间 t 变动一个单位，观察值的平均变动数量。

趋势方程中的两个待定系数 b_0 和 b_1 通常按回归中的最小二乘法求得。

趋势方程可以计算出各期的预测值，可以通过这些预测值来分析序列的变化趋势及模式。此外，也可以利用趋势方程进行外推预测。趋势预测的误差可以用线性回归中的估计标准误差来衡量，其计算公式为

$$s_e = \sqrt{\frac{\sum_{i=1}^{n} (Y_i - \hat{Y}_i)^2}{n - m}}$$

式中，m 为趋势方程中待确定的未知数的个数，对于直线趋势方程，$m = 2$。

2. 非线性趋势预测

序列中的趋势通常被认为是由于某种固定的因素作用于同一方向所形成的。若这

些因素随着时间的推移呈现线性变化，则可以对时间序列拟合趋势直线；若呈现出某种非线性趋势（non-linear trend），则需要拟合适当的趋势曲线。下面介绍几种常用的趋势曲线。

（1）指数曲线。

指数曲线（exponential curve）用于描述以几何级数递增或递减的现在，即时间序列的观察值 Y_t 按指数规律变化，或者说时间序列的逐期观察值按一定的比率增长或衰减。一般的自然增长及大多数经济序列都有指数变化趋势。指数曲线的趋势方程为

$$\hat{Y}_t = b_0 b_1^t$$

式中，b_0，b_1 为待定系数。

若 $b_1 > 1$，则增长率随着时间 t 的增加而增加；若 $b_1 < 1$，则增长率随着时间 t 的增加而降低；若 $b_0 > 0$，$b_1 < 1$，则预测值 $\hat{Y}_t$ 逐渐降低到以 0 为限。

为确定指数曲线中的常数 b_0 和 b_1，可采取线性化手段将其转化为对数直线形式，即两端取对数得

$$\lg\hat{Y}_t = \lg b_0 + t\lg b_1$$

然后根据最小二乘法原理，按直线形式的常数确定方法，求出 $\lg b_0$ 和 $\lg b_1$ 后，再对其求反对数，即得到 b_0 和 b_1。

（2）多阶曲线。

有些现象的变化形态比较复杂，它们不是按照某种固定的形态变化，而是有升有降，在变化过程中可能有几个拐点。这时就需要拟合多项式函数。当只有一个拐点时，可以拟合二阶曲线，即抛物线；当有两个拐点时，需要拟合三阶全无线；当有 $k-1$ 个拐点时，需要拟合 k 阶曲线。k 阶曲线的一般形式为

$$\hat{Y}_t = b_0 + b_1 t + b_2 t^2 + \cdots + b_k t^k$$

函数中的系数 b_0，b_1，b_2，…，b_k 仍然可以根据最小二乘法求得，只需要将上式线性化，即可按多元回归分析中的最小二乘法求得。

（六）复合型序列的分解预测

复合型序列是指含有趋势、季节、周期和随机成分的序列。这类序列的预测方法通常是将时间序列的各个因素依次分解出来，然后进行预测。

由于周期成分的分析需要有多年的数据，实际中很难得到多年的数据，因此采用的分解模型是：$Y_t = T_t \times S_t \times I_t$。这一模型表示该时间序列中含有趋势成分、季节成分

和随机成分。这类序列的预测方法主要有季节性多元回归模型、季节自回归模型和时间序列分解法预测等。

本节主要介绍时间序列分解法预测。分解法预测通常按下面的步骤进行：

第 1 步：确定并分离季节成分。首先，计算季节指数，以确定时间序列中的季节成分。其次，将季节成分从时间序列中分离出去，即用每一个时间序列观察值除以相应的季节指数，以消除季节性。

第 2 步：建立预测模型并进行预测。对消除了季节成分的时间序列建立适当的预测模型，并根据这一模型进行预测。

第 3 步：计算最后的预测值。用预测值乘以相应的季节指数，得到最终的预测值。

1. 确定并分离季节成分

季节性因素分析通过季节指数来表示各年的季节成分，以此描述各年的季节变动模式。

（1）计算季节指数（seasonal index）刻画了序列在一个年度内各月或各季度的典型季节特征。在乘法模型中，季节指数是以其平均数等于 100%为条件而构成的，它反映了某一月份或季度的数值占全年平均数值的大小。如果现象的发展没有季节变动，则各期的季节指数应该等于 100%；如果某一月份或季度有明显的季节变化，则各期的季节指数应大于或小于 100%。因此，季节变动的程度是根据各季节指数与其平均数的偏差程度来测定的。

季节指数的计算方法有多种，这里只介绍移动平均趋势剔除法。该方法的基本步骤是：

第 1 步：计算移动平均值（如果是季度数据，则采用 4 项移动平均；如果是月份数据，则采用 12 项移动平均），并对其结果进行中心化处理，也就是将移动平均的结果再进行一次二项移动平均，即得出中心化移动平均值（CMA）。

第 2 步：计算移动平均的比值，也称为季节比率，即将序列的各观察值除以相应的中心化移动平均值，然后计算出各比值的季度（或月份）平均值。

第 3 步：季节指数调整。由于各季节指数的平均数应等于 1 或 100%，若根据第 2 步计算的季节比率的平均值不等于 1，则需要进行调整。具体方法是：将第 2 步计算的每个季节比率的平均值除以它们的总平均值。

（2）分离季节成分。

计算出季节指数后，就可将实际观察值分别除以相应的季节指数，将季节成分从时间序列中分离出去。用公式表示为

$$\frac{Y}{S}=\frac{T\times S\times I}{S}=T\times I$$

结果即为季节成分分离后的序列。它反映了在没有季节因素影响的情况下时间序列的变化形态。

2. 建立预测模型并进行预测

【实验】对工业生产值和国库券利率与基金利率差额进行指数平滑建模，部分数据如表 5-2 所示。时间序列分析建立在预处理的基础上，利用指数平滑模型对利率差额进行拟合，以消除非正常波动得到利率差额的 48 年中稳定长期的趋势。

表 5-2　工业生产值和利差额数据　　单位：亿元

工业生产总值	利差	工业生产总值	利差	工业生产总值	利差
26.41	0.73	26.05	2.04	28.81	0.95
26.17	0.52	26.02	2.1	29.08	1.07
25.94	0.41	26.52	1.66	29.43	0.93
25.73	0.36	26.93	1.33	29.52	1
25.7	0.5	27.17	1.73	29.4	1
25.38	0.83	26.93	1.93	29.46	0.51
25.29	0.67	27.37	1.67	29.75	0.6
25.26	0.82	27.52	1.08	29.96	0.61
25	1.2	27.58	1.06	30.11	0.64
24.97	1.42	27.55	1.51	30.05	0.75
24.61	1.49	27.49	1.23	30.31	0.69
24.14	1.86	27.76	1.3	30.52	0.67
24.17	2.39	27.79	1.05	30.52	0.79
24.14	1.24	27.96	1.08	31.02	0.76
24.29	1.72	27.99	1.03	31.19	0.7
24.79	2.29	28.11	0.98	31.28	0.67
25.17	1.73	28.11	0.93	31.49	0.77
25.52	2.15	28.31	0.91	31.69	0.69
25.82	2.75	28.64	0.92	31.81	0.75

（1）数据准备。

选择菜单栏中的“数据”→“定义日期”，弹出如图 5-2 所示界面。

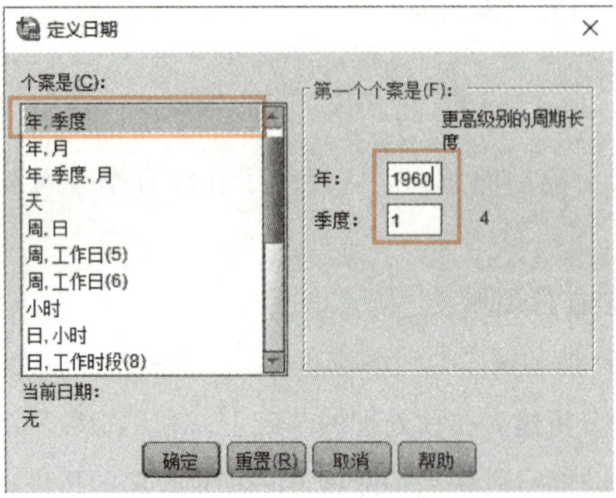

图 5-2 “定义日期”界面

在菜单栏中选择“转换”→“创建时间序列”，将工业生产总值选入“变量→新名称”中，在“函数”下拉列表框中选择“季节性差异”，单击“确定”按钮，弹出界面如图 5-3 所示。

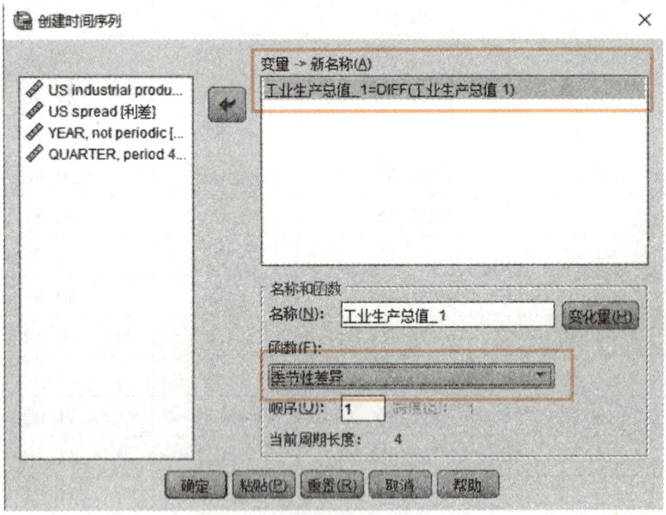

图 5-3 “创建时间序列”界面

输出结果如表 5-3 所示。

表 5-3 创建的序列

序号	序列名称	非缺失值的个案编号		有效个案数	创建函数
		第一个	最后一个		
1	工业生产总值_1	2	588	587	DIFF（工业生产总值，1）

从表 5-3 中可以看出，对“工业生产总值”序列进行平稳处理的信息。从该表可知平稳处理后的新序列名称为“工业生产总值_1”，该序列有效个案为 587 个，平稳处理的方法是 DIFF，即季节差分法。

图 5-4 给出了时间变量定义和对“工业生产总值”季节差分在 SPSS 数据视图中的处理结果。从该图可以看出，“DATE_”序列即新定义的时间变量序列，“工业生产总值_1”序列就是对“工业生产总值”序列进行季节差分平稳处理后生成的新序列。

工业生产总值	利差	YEAR_	QUARTER_	DATE_	工业生产总值_1	变量
26.41	.73	1960	1	Q1 1960	.	
26.17	.52	1960	2	Q2 1960	-.23	
25.94	.41	1960	3	Q3 1960	-.24	
25.73	.36	1960	4	Q4 1960	-.21	
25.70	.50	1961	1	Q1 1961	-.03	
25.38	.83	1961	2	Q2 1961	-.32	
25.29	.67	1961	3	Q3 1961	-.09	
25.26	.82	1961	4	Q4 1961	-.03	
25.00	1.20	1962	1	Q1 1962	-.26	
24.97	1.42	1962	2	Q2 1962	-.03	
24.61	1.49	1962	3	Q3 1962	-.35	
24.14	1.86	1962	4	Q4 1962	-.47	
24.17	2.39	1963	1	Q1 1963	.03	
24.14	1.24	1963	2	Q2 1963	-.03	
24.29	1.72	1963	3	Q3 1963	.15	
24.79	2.29	1963	4	Q4 1963	.50	
25.17	1.73	1964	1	Q1 1964	.38	
25.52	2.15	1964	2	Q2 1964	.35	
25.82	2.75	1964	3	Q3 1964	.29	
26.05	2.04	1964	4	Q4 1964	.24	
26.02	2.10	1965	1	Q1 1965	-.03	

图 5-4 处理结果

通过分析，成功地对案例时间序列进行了定义，也对时间序列进行了平稳化处理，这为进行后续的时间序列模型的建模拟合和预测作了准备。

（2）指数平滑建模。

依次选择“分析”→“时间序列预测”→“创建传统模型”，打开“时间序列建模器”，在该对话框左侧列“变量”中选择“利差”移入“因变量”列表框。在“方法”下拉列表框中选择“指数平滑”选项，如图 5-5 所示。

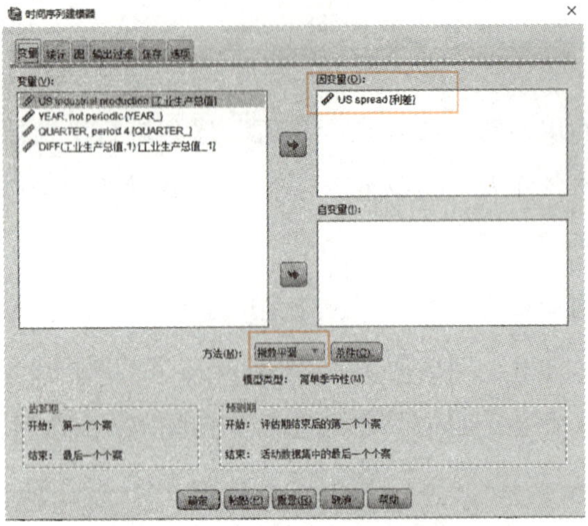

图 5-5 “时间序列建模器”界面（1）

单击“条件”按钮，弹出“时间序列建模器：指数平滑条件”，选中“简单季节性”，单击“继续”按钮，如图 5-6 所示。

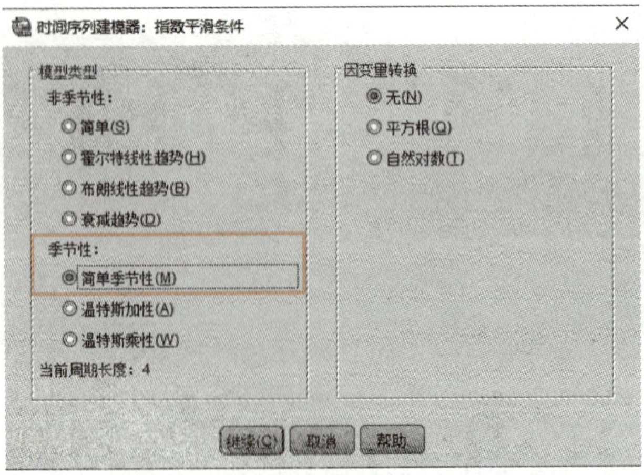

图 5-6 “时间序列建模器：指数平滑条件”界面

在时间序列建模器界面选择“统计”选项卡，选中“单个模型的统计”中的“参数估算值”，如图 5-7 所示。

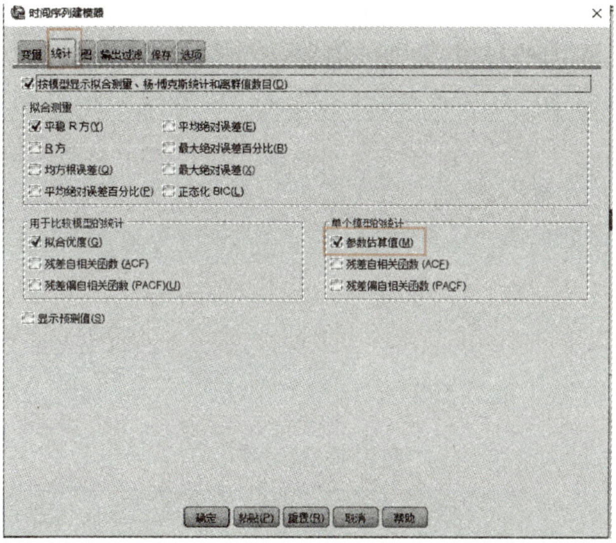

图 5-7 “时间序列建模器”界面（2）

其他设置使用系统默认设置。单击“确定”按钮，结束操作，SPSS 软件自动输出结果。

（1）模型拟合结果表。

从表 5-4 中可以看出模型的 8 个拟合优度指标，包括这些指标的平均值、最小值、最大值及百分位数。其中，平稳的 R^2 为 0.571，而 R^2 为 0.897，这是由于因变量数据为季节性数据，因此平稳的 R^2 更具有代表性。从两个 R^2 来看，该指数平滑模型的拟合情况良好。

表 5-4 模型拟合度

拟合统计	平均值	标准误差	最小值	最大值	百分位数						
					5	10	25	50	75	90	95
平稳 R^2	0.571	.	0.571	0.571	0.571	0.571	0.571	0.571	0.571	0.571	0.571
R^2	0.897	.	0.897	0.897	0.897	0.897	0.897	0.897	0.897	0.897	0.897
RMSE	0.542	.	0.542	0.542	0.542	0.542	0.542	0.542	0.542	0.542	0.542
MAPE	65.212	.	65.212	65.212	65.212	65.212	65.212	65.212	65.212	65.212	65.212
MaxAPE	3 881.586	.	3 881.586	3 881.586	3 881.586	3 881.586	3 881.586	3 881.586	3 881.586	3 881.586	3 881.586

表5-4(续)

拟合统计	平均值	标准误差	最小值	最大值	百分位数						
					5	10	25	50	75	90	95
MAE	0.316	.	0.316	0.316	0.316	0.316	0.316	0.316	0.316	0.316	0.316
MaxAE	5.309	.	5.309	5.309	5.309	5.309	5.309	5.309	5.309	5.309	5.309
正态化BIC	-1.204	.	-1.204	-1.204	-1.204	-1.204	-1.204	-1.204	-1.204	-1.204	-1.204

（2）模型统计量结果表。

表5-5给出了模型的拟合统计量和Ljung-BoxQ统计量。平稳的R^2为0.571，与模型拟合图中的平稳的R^2一致。Ljung-BoxQ统计量值为121.541，显著性水平为0.000，因此拒绝残差序列为独立序列的原假设，说明模型拟合后的残差序列是存在自相关的，因此建议采用ARIMA模型继续拟合。

表5-5　模型统计

模型	预测变量数	模型拟合度统计	Ljung-BoxQ（18）			离群值数
		平稳 R^2	统计	DF	显著性	
US spread-模型_1	0	0.571	121.541	16	0.000	0

（3）指数平滑法模型参数表。

表5-6给出了指数平滑法模型参数估计值列表。本实验拟合的指数模型的水平Alpha值为0.999，P值为0.000，不仅作用很大且非常显著。SPREAD尽管为季节性数据，但该序列几乎没有任何季节性特征。

表5-6　指数平滑法模型参数

模型			估算	标准误差	t	显著性
US spread-模型_1	不转换	Alpha（水平）	0.999	0.041	24.091	0.000
		Delta（季节）	0.000	6.970	5.900E-5	1.000

（4）指数平滑模型拟合图。

图5-8给出了“利差”的指数平滑模型的拟合图和观测值。“利差”序列整体上呈波动状态，拟合值和观测值曲线在整个区间几乎重合，因此可以说明指数平滑模型对“利差”的拟合情况非常好。通过指数平滑模型的拟合图可以发现，联邦基金利率

差额在 48 年中出现过两次剧烈波动下行，总体上前 20 年波动较为剧烈，而最近 20 年波动相对平缓。

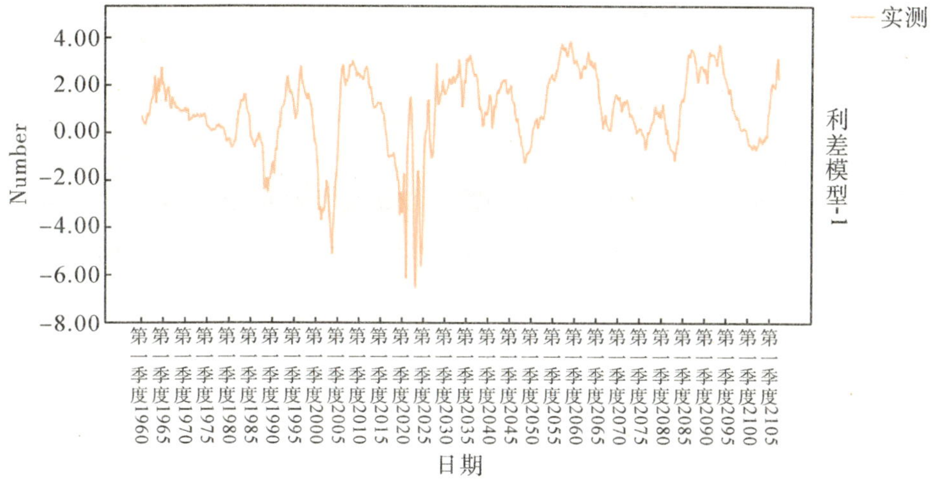

图 5-8 平滑指数模型拟合图

通过指数平滑模型分析可以发现：

（1）由表 5-4 分析结果可知，从拟合的 R^2 来看，该指数平滑模型的拟合情况良好。

（2）由表 5-5 分析结果可知，模型拟合后的残差序列是存在自相关的，因此建议采用 ARIMA 模型继续拟合。

（3）由表 5-6 分析结果可知，“利差”序列整体上呈波动状态，拟合值和观测值曲线在整个区间几乎重合，因此可以说明指数平滑模型对“利差”的拟合情况非常好。

【实验】继续对工业生产值和国库券利率与基金利率差额 ARIMA 模型进行分析。

（1）打开数据文件。

依次点击“数据”→“定义日期和时间”→“个案是”→“年，月”，本例具体年份为 1960 年和月份为 1 月。

（2）输入变量。

依次点击“分析”→“时间序列预测”→“创建传统模型”，打开“时间序列建模器”对话框，将“利差”变量选入“因变量”，在“方法”下拉列表框中选择“ARIMA”。

（3）设置条件。

依次点击“条件”→“时间序列建模器：ARIMA 条件”，在“模型”选项卡中，“自回归”→“季节性”方框中输入 4，“差值”→“季节性”方框中输入 1，“移动平均值”→“季节性”方框中输入 2，单击“继续”按钮。

（4）设置统计量。

依次点击“统计”→“参数估算值”→“显示预测值”，单击“继续”按钮。

（5）单击“确定”按钮，得到 ARIMA 模型建模结果。

（6）结果及分析。

第二节　贸易行为路径分析

一、结构方程模型的概念

结构方程模型（structural equation model，简称 SEM）是基于因子分析的测量模型（measurement model）与基于路径分析的结构公式（structural equations）的整合而形成的一个数据分析的一般框架。结构方程模型属于多变量统计分析，整合了因素分析与路径分析两种统计方法，提供了一个实用、有效的手段，可同时评估测量（measurement）的质量并检测潜变量（latent variables）之间的因果关系（causal relationships)。运用结构方程模型，我们不但能构建非观察性潜变量，还能估计不受测量误差影响的潜变量之间的关系。结构方程模型的优点还包括：具有同时对多个因变量建模的能力；检验模型的整体拟合度；检验直接效应、间接效应和总效应；检验复杂与特定假设；检验跨组参数恒定性；处理复杂数据（如带自相关误差的时间序列数据、非正态分布数据、删截数据以及分类结局数据等）。

本节通过以下涵盖结构方程建模过程的 5 个步骤简要介绍结构方程模型：

（1）模型表述（model formulation）：模型估计之前形成的最初理论模型。该模型是在理论研究或实践经验的基础上形成的。

（2）模型识别（model identification）：模型识别决定设定模型的参数估计是否有唯一解。如果模型错误设定，则模型估计可能不收敛或无解（参数估计无唯一解）。

（3）模型估计（model estimation）：结构方程模型的估计有多种方法，最常用的是最大似然估计法，近几年一些稳健估计法也被广泛应用。

（4）模型评估（model evaluation）：获得模型的参数估计值后，需要评估模型是否拟合数据。如果模型对数据拟合良好，则经过该步骤后建模过程可以停止。

（5）模型修正（model modification）：如果模型与数据拟合不好，则需要重新设定或修改模型。此时，需要决定如何删除、增加或修改模型中的参数。通过设定参数以提高模型拟合度。所有的 SEM 计算机程序在其输出结果中都提供模型参数的修正指数（modification indices，MI）以指导重新设定模型。一旦重新设定了模型，可重复上述 4 个步骤。实际研究中的建模过程可能会重复进行多次的模型修正。

1. 模型表述

在结构方程模型的建模过程中，首先要设定所要估计的模型。有多种方法可以设定一个模型。最直接的方法是通过 Wright（1934）提出的路径图（path diagram）来描述研究者所感兴趣的模型。路径图是结构方程模型的基础，因为它可以使研究者用一种直接和有吸引力的方式来表达其所感兴趣的模型。路径图可以清晰地表达研究人员对于变量之间关系的想法，并可直接转换成建模所需要的方程。构建 SEM 模型的路径图有一些标示规则，例如，正方形或长方形表示观察变量（observed variables）。观察变量也称为测量变量（measured variables）、外显变量（manifest variables）或外显标识（manifest indicators）。圆或椭圆表示潜变量（latent variables）或因子。变量之间的关系用线条表示，如果两变量之间没有线条相连，则表示二者之间没有直接关系。单向箭头表示两变量之间具有效应（effect）关系，箭头所指的变量受另一个变量的影响。双向箭头表示变量之间具有关联（associations），但不表示变量之间的效应。

2. 模型识别（model identification）

模型识别是设定结构方程模型时应重点考虑的问题。模型识别关注的是，每个未知参数是否能从模型中得到唯一解，即是否能从观察数据得到唯一估计值。对于一个需要模型估计的自由（未知）参数，如果不能将参数表达为样本方差/协方差的数学函数，那么该参数便被定义为非识别参数（unidentified parameter）。

3. 模型估计（model estimation）

结构方程模型估计与多元回归不同，它不是极小化（minimize）因变量拟合值与观察值之间的差异（即 $\sum(y-\hat{y})$），而是极小化样本方差/协方差与模型估计的方差/协方差之间的差异。我们以 Σ 代表观察变量 y 和 x 的总体方差/协方差矩阵（population variance/covariance matrix）。结构方程模型估计的关键点是可以将矩阵 Σ 表达为假定模型中自由参数 θ 的函数。结构方程模型的基本假设是

$$\Sigma = \Sigma(\theta)$$

其中 $\Sigma(\theta)$ 为模型估计的方差/协方差矩阵，也称“模型隐含的方差/协方差矩阵”（model implied variance/covariance matrix）。它是假设模型的总体参数（population parameters）所暗示的方差/协方差矩阵。模型估计或拟合的目的是找到一组模型参数 θ，计算 $\Sigma(\theta)$，并使 $\Sigma - \Sigma(\theta)$ 最小化。Σ 与 $\Sigma(\theta)$ 之间的差异表示模型与数据拟合的程度。

4. 模型评估（model evaluation）

结构方程模型分析的一个重要特征是在零假设 $\Sigma = \Sigma(\theta)$ 的基础上，对整体模型拟合进行检验。也就是说，评估模型估计的方差/协方差矩阵 $\hat{\Sigma}$ 与样本观察方差/协方差矩阵 $\boldsymbol{S}$ 之间的差异度。如果模型估计的方差/协方差矩阵 $\hat{\Sigma}$ 与样本观察方差/协方差矩阵 $\boldsymbol{S}$ 没有统计学显著性差异，则称模型拟合数据，接受零假设模型支持设定的变量间的关系；如果模型与数据拟合不好，则应拒绝零假设。整体模型拟合的评估应在解释参数估计值之前。不进行模型拟合评估，模型估计的任何结论都可能是误导。

多种方法可用于评估 $\boldsymbol{S}$ 与 $\hat{\Sigma}$ 之间的接近程度（closeness），因此有多种模型拟合指数（model fit indices）。一般而言，模型拟合指数可分为两大类：绝对拟合指数和增值

拟合指数，每一类中又有多个不同的拟合指数。

模型拟合度指标如表 5-7 所示。

表 5-7 模型拟合度指标

指标	判定标准
CMIN/DF	CMIN/DF 越小越好，一般要求 CMIN/DF<3，并且要求其 P>0.05
GFI	越接近 1 越好，一般要求 GFI>0.9
RMR	越接近 0 越好，一般要求<0.05
RMSEA	越接近 0 越好，一般要求<0.08
AGFI	越接近 1 越好，一般要求 GFI>0.9
NFI	越接近 1 越好，一般要求 GFI>0.9
CFI	越接近 1 越好，一般要求 GFI>0.9
IFI	越接近 1 越好，一般要求 GFI>0.9

5. 模型修正（model modification）

在 SEM 模型分析中，人们通常在现有理论、文献或先前研究的基础上提出模型，然后用设定的模型来拟合可用的数据。这种尝试性的初始模型常常并不如愿得到拟合数据。换言之，初始模型中常有设定不当之处，因而需要寻找模型拟合不良的可能原因，确定导致模型设定错误的因素，然后修正模型并用同一数据进行检验。该过程可称为“模型设定探索”。

二、结构方程模型的运用

研究“出口技术”的影响因素，假设有三个因子可能对出口技术有影响，它们分别是经济水平、教育水平、技术优势。而每个因子又由多个变量组成，其中经济水平包括衣、食、住、行；技术优势包括政策支持、合作水平、国际占有；教育水平包括学校资源、技能培训；出口技术包括技术水平、复杂度，通过路径分析可以得到这三个变量如图 5-9 所示路径关系作用于出口技术。

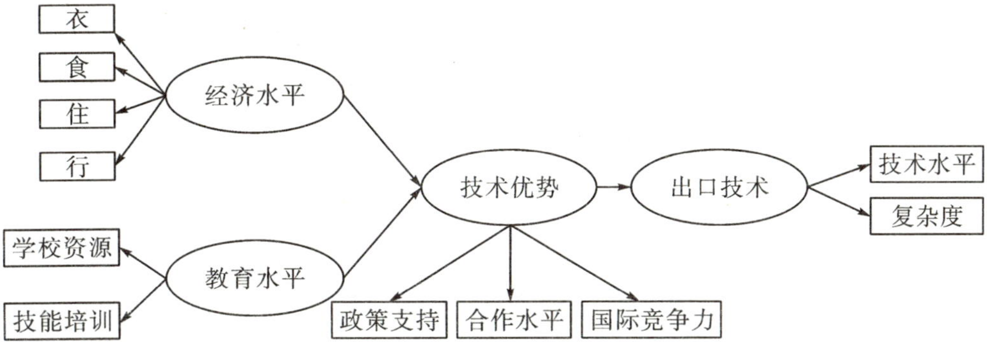

图 5-9 路径关系

为说明实验过程，假设部分调查数据如表 5-8 所示。

表 5-8 调查数据

序号	衣	食	住	行	学校资源	技能培训	政策支持	合作水平	国际竞争力	技术水平	复杂度
1	60	60	80	40	60	80	80	40	80	60	60
2	60	60	40	60	60	80	80	80	60	80	80
3	80	100	60	80	60	100	60	40	60	80	80
4	60	100	100	60	80	80	80	60	60	60	60
5	100	100	80	80	100	100	100	80	80	80	80
6	80	80	100	80	80	80	80	60	60	80	80
7	80	80	100	80	100	80	60	80	40	60	60
8	100	100	100	80	80	100	80	100	80	100	100
9	40	40	40	60	80	60	100	80	80	80	80
10	80	80	100	60	80	80	80	80	80	80	80
11	80	100	100	80	40	60	80	80	80	60	60
12	60	40	60	40	80	60	40	80	80	60	60
13	60	80	80	80	80	100	80	100	80	100	100
14	80	80	60	100	80	100	80	60	80	80	80
15	80	80	60	60	80	60	80	100	80	80	80
16	80	80	80	80	60	80	60	80	60	60	60
17	60	80	80	80	60	60	60	60	60	80	80
18	100	80	100	80	80	60	100	60	60	80	80
19	20	80	60	20	100	40	80	100	80	80	80

表5-8(续)

序号	衣	食	住	行	学校资源	技能培训	政策支持	合作水平	国际竞争力	技术水平	复杂度
20	80	80	60	80	80	80	80	60	60	80	80
21	80	80	80	60	60	80	80	60	60	60	60
22	100	80	80	60	80	60	80	60	60	80	80
23	80	80	80	60	40	60	60	80	60	60	60
24	60	80	40	40	60	80	60	40	40	60	60
25	100	80	100	80	80	80	60	60	60	80	80
26	80	60	60	80	40	40	60	20	40	60	60
27	60	60	60	60	80	60	80	60	60	80	80
28	100	60	100	80	60	60	60	60	80	60	60
29	80	100	80	80	80	80	80	80	80	60	60
30	80	60	60	80	60	60	60	80	80	80	80
31	40	80	60	60	60	80	60	60	80	80	80
32	60	100	100	100	100	80	80	100	100	100	100
33	80	100	80	80	60	100	80	100	100	80	80
34	60	80	80	80	60	80	80	100	80	80	80
35	80	60	80	80	60	40	80	60	60	60	60
36	100	60	100	80	80	100	80	100	80	60	60
37	80	100	100	80	60	80	80	80	80	60	60
38	60	100	60	80	80	100	80	80	80	80	80
39	60	60	80	80	80	60	60	80	60	80	80
40	60	80	60	60	80	100	60	80	60	80	80
41	80	80	80	100	80	80	100	60	100	80	80
42	60	80	60	80	100	80	80	100	80	80	80
43	80	80	80	100	80	80	60	80	60	80	80
44	80	100	100	80	80	80	80	80	80	80	80
45	60	80	60	60	100	80	60	80	60	100	100
46	60	60	80	100	100	100	80	60	80	80	80
47	80	60	80	60	80	80	80	80	80	80	80
48	60	80	60	80	80	80	80	60	80	80	80
49	80	60	80	100	80	100	100	100	100	60	60
50	80	80	80	80	100	100	80	80	80	80	80

表5-8(续)

序号	衣	食	住	行	学校资源	技能培训	政策支持	合作水平	国际竞争力	技术水平	复杂度
51	80	100	80	80	60	80	80	80	80	80	80
52	100	80	60	60	80	40	80	60	80	80	80
53	80	80	80	60	80	80	60	80	60	80	80
54	80	60	80	80	60	40	80	60	80	40	40
55	60	80	80	60	80	80	60	60	60	100	100
56	60	80	100	100	60	40	100	60	100	80	80
57	60	100	60	60	60	80	60	80	60	60	60
58	60	60	60	80	60	60	80	60	80	80	80
59	80	80	80	60	80	80	60	40	60	60	60
60	60	60	60	60	80	80	60	80	60	60	60
61	40	60	60	60	60	60	60	60	60	60	60
62	100	100	100	100	80	80	80	60	80	80	80
63	80	80	80	100	80	80	100	80	80	80	80
64	40	80	80	60	80	100	80	100	80	80	80
65	80	80	80	60	60	80	80	80	60	80	80
66	60	80	80	60	100	60	100	80	80	60	60
67	80	80	80	100	80	100	60	80	80	60	60
68	100	80	80	60	80	100	60	80	100	60	60
69	80	100	100	60	100	80	80	60	80	100	100
70	80	80	80	60	100	80	60	80	100	60	60
71	60	60	60	80	60	60	80	60	80	80	80
72	40	60	60	60	60	80	60	80	60	60	60
73	60	80	60	80	60	80	80	60	60	80	80
74	80	80	60	80	60	80	60	80	60	60	60
75	80	80	80	80	60	80	60	80	60	80	80
76	60	60	80	60	60	60	60	60	60	60	60
77	60	80	40	60	60	60	80	80	60	80	80
78	100	80	100	100	80	60	80	80	60	80	80
79	80	60	80	80	60	80	60	60	80	80	80
80	80	80	20	60	60	20	60	80	40	80	80
81	80	80	100	100	100	80	80	80	100	80	80

表5-8(续)

序号	衣	食	住	行	学校资源	技能培训	政策支持	合作水平	国际竞争力	技术水平	复杂度
82	100	100	80	80	60	80	80	100	100	80	80
83	80	80	80	100	80	80	80	100	80	80	80
84	100	40	60	80	60	60	80	100	80	80	80
85	80	60	80	80	80	80	60	80	80	80	80
86	40	80	80	100	60	80	60	80	60	80	80
87	80	80	80	100	80	60	100	60	80	100	100
88	60	80	60	80	80	60	80	80	100	80	80
89	80	60	60	60	40	60	60	80	60	60	60
90	80	80	100	80	80	60	80	80	80	80	80
91	80	80	80	80	80	60	100	80	100	80	80
92	100	80	80	60	60	80	80	80	80	80	80
93	100	100	80	100	80	100	80	80	80	100	100
94	80	80	100	80	60	60	60	80	60	80	80
95	60	80	100	80	80	100	80	100	80	60	60
96	80	80	80	80	80	80	100	100	100	80	80
97	80	60	80	60	100	100	60	40	60	60	60
98	60	80	60	60	60	80	60	80	60	80	80
99	100	80	80	80	60	60	80	80	80	80	80
100	80	80	80	100	60	80	80	60	80	80	80
101	60	60	60	80	80	80	80	60	80	80	80
102	80	80	80	60	100	80	80	60	60	80	80
103	80	60	80	60	80	80	100	80	80	80	80
104	100	80	80	60	100	60	100	80	60	80	80
105	80	80	100	60	80	80	80	60	80	80	80
106	80	100	100	100	80	80	80	80	100	100	100
107	80	80	100	80	80	60	80	60	80	60	60
108	60	100	80	100	80	80	80	60	80	60	60
109	80	100	100	100	100	100	80	100	100	80	80
110	60	60	20	60	80	80	80	100	80	80	80
111	100	100	80	100	80	80	100	60	100	80	80
112	60	80	80	60	20	80	60	80	40	80	80

表5-8(续)

序号	衣	食	住	行	学校资源	技能培训	政策支持	合作水平	国际竞争力	技术水平	复杂度
113	80	80	60	60	80	60	80	80	80	80	80
114	100	100	100	80	80	60	100	80	100	100	100
115	60	80	80	80	80	80	60	100	60	80	80
116	60	60	60	40	80	80	60	80	80	80	80
117	80	80	80	100	80	80	100	80	80	80	80
118	80	60	80	80	80	100	80	80	100	80	80
119	80	100	80	80	80	80	60	80	60	80	80
120	60	60	80	80	80	100	60	80	80	60	60
121	80	100	80	80	80	80	100	100	80	80	80
122	100	80	80	100	80	100	100	80	80	80	80
123	60	80	80	100	60	80	80	80	80	80	80
124	80	100	80	80	100	80	80	60	80	60	60
125	80	80	60	60	100	80	80	100	100	80	80
126	80	80	60	80	80	60	80	40	60	60	60
127	60	40	40	60	40	40	80	80	60	60	60
128	60	60	100	60	80	60	80	60	80	80	80
129	80	80	80	80	80	80	60	40	40	60	60
130	80	100	100	100	80	80	80	80	100	80	80
131	80	60	80	60	80	60	60	60	60	60	60
132	60	40	80	40	60	20	60	60	40	80	80
133	80	80	80	100	80	60	100	60	80	80	80
134	100	100	80	80	80	100	80	80	100	80	80
135	80	80	100	80	100	60	80	60	80	80	80
136	60	60	60	60	80	60	60	60	80	60	60
137	80	80	60	40	40	40	40	80	60	40	40
138	40	40	60	60	60	80	60	80	100	60	60
139	60	60	60	60	60	60	60	80	100	80	80
140	100	100	80	100	60	60	80	60	80	80	80
141	40	40	60	60	80	80	20	60	40	60	60
142	60	60	60	60	60	60	80	100	80	80	80
143	80	80	80	80	80	60	80	60	60	60	60

表5-8(续)

序号	衣	食	住	行	学校资源	技能培训	政策支持	合作水平	国际竞争力	技术水平	复杂度
144	80	80	80	80	80	60	60	60	80	60	60
145	80	80	80	100	80	100	100	60	60	80	80
146	60	60	80	100	60	60	80	80	80	100	100
147	40	40	80	60	100	100	80	80	80	80	80
148	80	80	80	60	80	80	60	80	40	80	80
149	60	80	60	80	80	80	80	100	60	60	60
150	60	80	80	80	80	60	80	80	60	80	80
151	80	80	60	80	80	80	80	80	80	80	80
152	80	80	80	80	80	80	60	80	60	80	80
153	60	60	80	60	80	60	80	100	80	80	80
154	80	80	80	80	80	60	60	80	60	80	80
155	60	60	80	60	60	80	100	80	100	100	100
156	60	60	80	80	100	80	80	100	60	60	60
157	80	100	80	100	80	100	60	80	80	80	80
158	40	40	100	20	60	60	40	80	40	80	80
159	80	20	80	80	40	60	60	80	80	60	60
160	40	80	60	40	80	100	100	100	80	100	100
161	80	80	100	80	80	80	100	60	60	80	80
162	100	80	80	80	80	60	60	80	100	80	80
163	80	80	100	60	60	80	60	80	60	80	80
164	60	60	40	60	60	60	40	80	80	60	60
165	80	80	100	100	80	80	100	80	80	80	80
166	80	80	80	60	80	60	80	60	60	80	80
167	80	100	80	80	80	80	100	80	100	80	80
168	80	100	80	100	60	80	60	60	60	80	80
169	80	80	100	80	80	80	80	80	80	80	80
170	60	20	40	100	100	60	40	40	60	60	60
171	60	80	80	60	80	80	80	60	100	60	60
172	60	60	80	80	100	80	80	60	60	80	80
173	100	80	80	80	60	80	60	80	80	80	80
174	80	100	80	80	80	80	80	80	80	80	80

表5-8(续)

序号	衣	食	住	行	学校资源	技能培训	政策支持	合作水平	国际竞争力	技术水平	复杂度
175	60	80	80	60	80	60	80	80	60	60	60
176	60	60	60	60	40	60	60	80	60	60	60
177	80	60	80	60	80	60	60	100	60	80	80
178	100	80	80	80	100	100	80	80	80	80	80
179	40	80	60	80	80	60	60	60	80	80	80
180	60	60	60	80	60	60	60	40	60	80	80
181	80	60	40	80	100	60	60	80	60	80	80
182	60	80	80	100	80	60	80	80	80	80	80
183	100	60	100	60	100	80	60	60	80	60	60
184	80	60	80	80	60	60	80	80	60	80	80
185	80	100	60	80	60	60	80	80	80	60	60
186	80	80	80	100	80	80	80	80	100	80	80
187	80	100	80	60	60	60	80	80	100	80	80
188	80	80	80	60	60	60	80	60	60	80	80
189	80	60	80	80	60	60	80	60	80	80	80
190	60	60	60	80	80	100	80	80	100	60	60
191	80	60	80	60	80	100	60	80	80	60	60
192	40	60	40	40	80	60	80	60	40	100	100
193	80	80	80	80	60	60	60	80	80	60	60
194	80	100	80	80	80	60	80	80	80	60	60
195	80	60	80	100	80	60	100	100	60	80	80
196	60	100	80	80	100	100	80	80	80	80	80
197	80	60	80	100	80	80	60	80	60	100	100
198	100	100	80	80	100	100	80	60	80	80	80
199	60	80	80	60	60	80	80	60	40	80	80
200	60	80	100	80	100	60	80	100	80	60	60
201	80	80	80	80	60	80	60	80	60	60	60

由于 SPSS 功能所限，本例采用网页版 SPSSPRO 进行实验。

打开 SPSSPRO 官网，登录后进入 SPSSPRO，点击“我的数据”，上传实验数据，如图 5-10 所示。

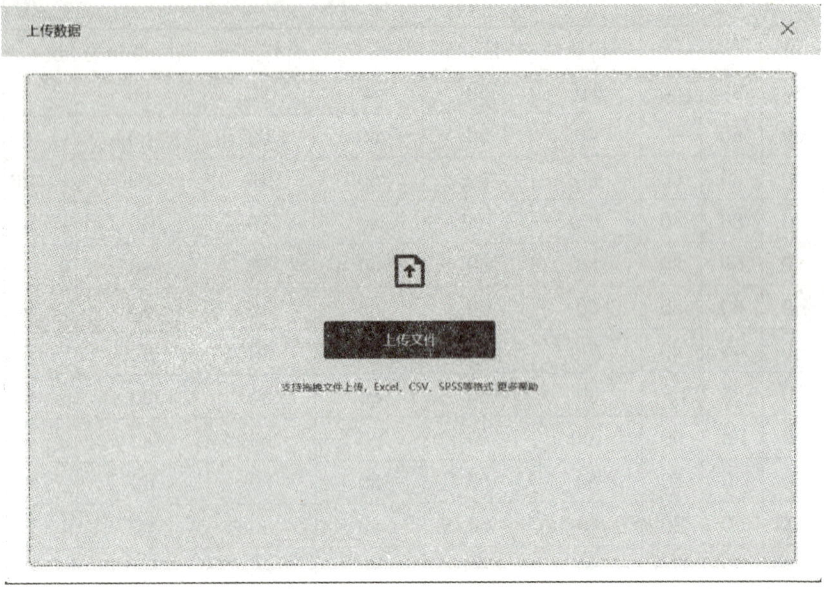

图 5-10　上传实验数据

实验数据预览，如图 5-11 所示。

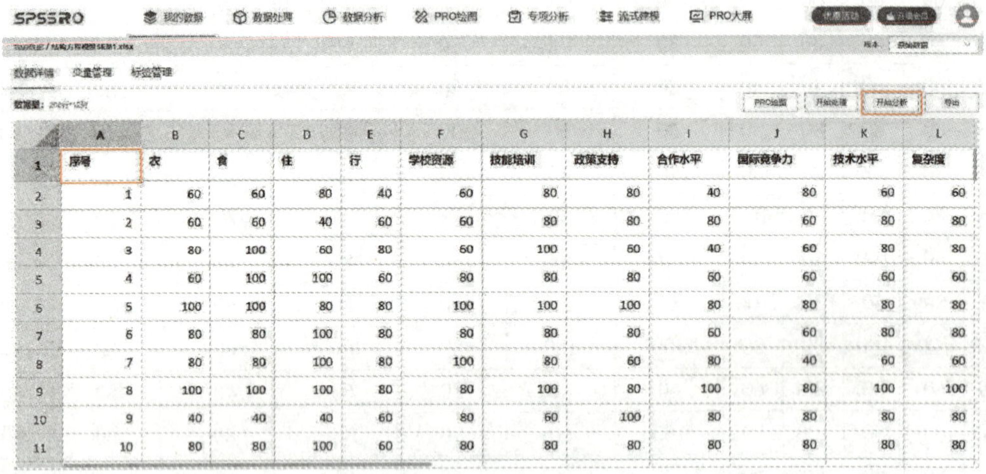

	A	B	C	D	E	F	G	H	I	J	K	L
1	序号	衣	食	住	行	学校资源	技能培训	政策支持	合作水平	国际竞争力	技术水平	复杂度
2	1	60	60	80	40	60	80	80	40	80	60	60
3	2	60	60	40	60	60	80	80	80	60	80	80
4	3	80	100	60	80	60	100	60	40	60	80	80
5	4	60	100	100	60	80	80	80	60	60	60	60
6	5	100	100	80	80	100	100	100	80	80	80	80
7	6	80	80	100	80	80	80	80	60	60	80	80
8	7	80	80	100	80	100	80	60	80	40	60	60
9	8	100	100	100	80	80	100	80	100	80	100	100
10	9	40	40	40	60	80	60	100	80	80	80	80
11	10	80	80	100	60	80	80	80	80	80	80	80

图 5-11　实验数据预览

依次点击左侧“选择算法”→“问卷分析”→“结构方程模型（SEM）”按钮，如图 5-12 所示。

图 5-12　实验步骤（1）

创建因子“经济水平”“教育水平”“技术优势”“出口技术”，并放入每个因子变量数据，如图 5-13 至图 5-16 所示。

图 5-13　实验步骤（2）

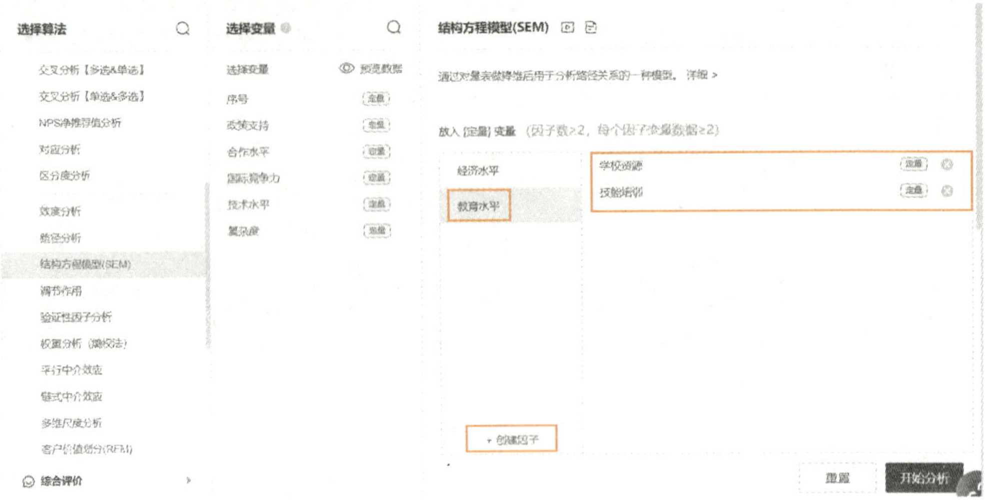

图 5-14　实验步骤（3）

图 5-15　实验步骤（4）

图 5-16　实验步骤（5）

选择路径对，构建路径模型，如图 5-17 所示。

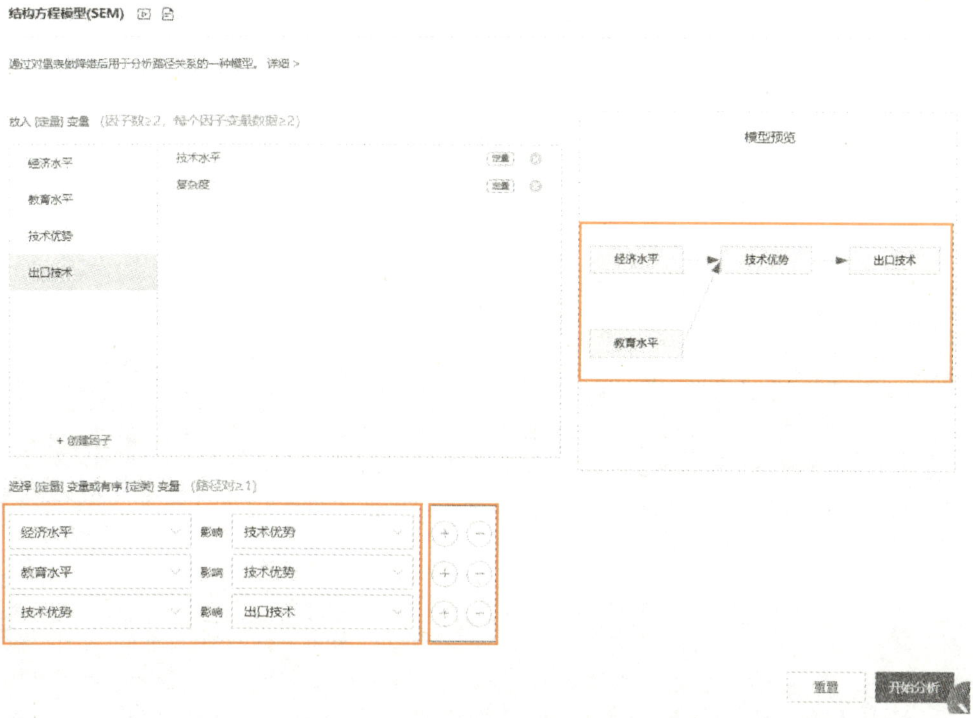

图 5-17　实验步骤（6）

开始分析数据，如图 5-18 所示。

图 5-18　实验步骤（7）

点击“导出为 PDF”或“导出为 Word”按钮查看运行结果和智能分析，如图 5-19、图 5-20 所示。

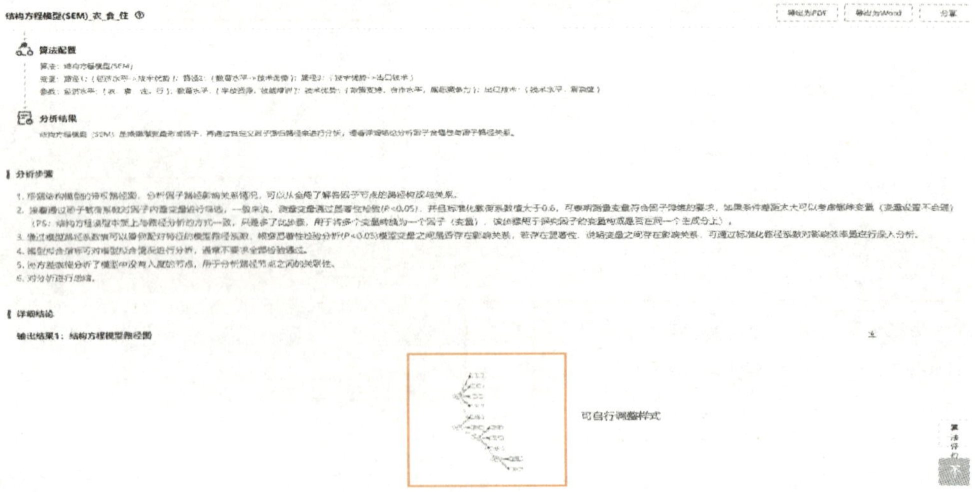

图 5-19　实验步骤（8）

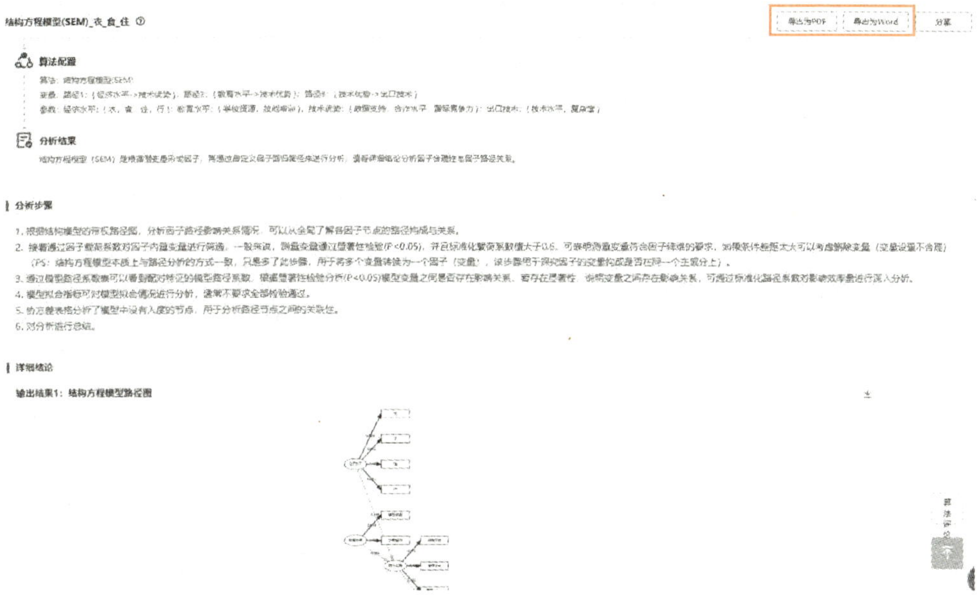

图 5-20　实验步骤（9）

导出分析结果如下（主要部分）：

输出结果 1：结构方程模型路径图，如图 5-21 所示。

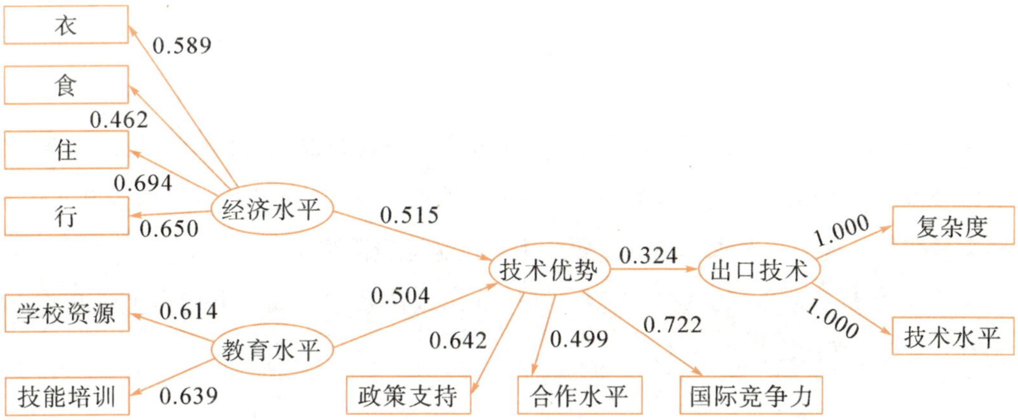

图 5-21　结构方程模型路径图

图表说明：

图 5-21 展示了结构方程模型路径图，主要包括模型的标准化系数，其用于分析结构路径影响关系情况。

输出结果 2：因子载荷系数表，如表 5-9 所示。

表 5-9　因子载荷系数表

因子	变量	非标准载荷系数	标准化载荷系数	z	S. E.	*P*
经济水平	衣	1	0.592	-	-	-
	食	1.027	0.603	5.716	0.18	0.000***
	住	0.985	0.588	5.641	0.175	0.000***
	行	1.014	0.586	5.634	0.18	0.000***
教育水平	学校资源	1	0.579	-	-	-
	技能培训	1.104	0.611	3.846	0.287	0.000***
技术优势	政策支持	1	0.649	-	-	-
	合作水平	0.561	0.35	3.831	0.147	0.000***
	国际竞争力	1.079	0.66	5.697	0.189	0.000***
出口技术	技术水平	1	0.994	-	-	-
	复杂度	1.002	0.996	32.523	0.031	0.000***

注：***、**、* 分别代表 1%、5%、10%的显著性水平。

图表说明：

表 5-9 为模型的因子载荷系数表格，包括潜变量、分析项、非标准载荷系数、z 检验结果等。测量关系时第一项会被作为参照项，因此不会呈现 *P* 值等统计量。

- 因子载荷系数对因子内测量变量进行筛选，一般来说，测量变量通过显著性检验（$P<0.05$），且标准化载荷系数值大于 0.4（严格为 0.6，系统默认阈值为 0.4），可表明测量变量符合因子要求，条件差距太大可以考虑删除变量。
- 如果测量关系良好，通常来说，则标准化载荷系数值基本上均会大于 0.4（严格为 0.6，系统默认阈值为 0.4）。

智能分析：

由模型路径系数表可知：

食（显著性 *P* 值为 0.000***）、住（显著性 *P* 值为 0.000***）、行（显著性 *P* 值为 0.000***）在 1%的水平上呈现显著性，则拒绝原假设，同时其非标准载荷系数和标准化载荷系数均大于 0.4，可以认为其有足够的方差解释率表现各变量能在同一因子上展现。

技能培训（显著性 P 值为 0.000***）在 1%的水平上呈现显著性，则拒绝原假设，同时其非标准载荷系数和标准化载荷系数均大于 0.4，可以认为其有足够的方差解释率表现各变量能在同一因子上展现。

国际竞争力（显著性 P 值为 0.000***）在 1%的水平上呈现显著性，则拒绝原假设，同时其非标准载荷系数和标准化载荷系数均大于 0.4，可以认为其有足够的方差解释率表现各变量能在同一因子上展现。

复杂度（显著性 P 值为 0.000***）在 1%的水平上呈现显著性，则拒绝原假设，同时其非标准载荷系数和标准化载荷系数均大于 0.4，可以认为其有足够的方差解释率表现各变量能在同一因子上展现。

输出结果 3：模型回归系数表，如表 5-10 所示。

表 5-10　模型回归系数表

Factor（潜变量）	→	分析项（显变量）	非标准化系数	标准化系数	标准误	Z	P
经济水平	→	技术优势	0.398	0.400	0.144	2.770	0.006***
教育水平	→	技术优势	0.376	0.352	0.172	2.185	0.029**
技术优势	→	出口技术	0.484	0.399	0.114	4.247	0.000***

注：***、**、*分别代表 1%、5%、10%的显著性水平。

图表说明：

表 5-10 展示了路径节点的回归系数，可以理解为一个最小二乘法一元线性回归，通常只需要观察 P 值与标准化路径系数，确定该路径（$X \to Y$）是否存在直接的线性影响。

- 根据显著性检验分析（$P<0.05$）模型变量之间是否存在影响关系。
- 若存在显著性，则说明变量之间存在影响关系，可通过标准化路径系数对影响效率进行深入分析。

智能分析：

由模型路径系数表可知：

由于配对项经济水平→技术优势，显著性 P 值为 0.006***，水平上呈现显著性，则拒绝原假设，因此此路径有效，其影响系数为 0.4。

由于配对项教育水平→技术优势，显著性 P 值为 0.029**，水平上呈现显著性，则拒绝原假设，因此此路径有效，其影响系数为 0.352。

由于配对项技术优势→出口技术，显著性 P 值为 0.000***，水平上呈现显著性，则拒绝原假设，因此此路径有效，其影响系数为 0.399。

输出结果 4：模型拟合指标，如表 5-11 所示。

表 5-11　模型拟合指标

χ^2	df	P	卡方自由度比	GFI	RMSEA	RMR	CFI	NFI	NNFI
-	-	>0.05	<3	>0.9	<0.10	<0.05	>0.9	>0.9	>0.9
55.623	40.000	0.051*	1.391	0.950	0.044	35.435	0.985	0.950	0.980

注：***、**、* 分别代表 1%、5%、10%的显著性水平。

图表说明：

表 5-12 展示了模型的拟合指标，可以适当选择一些指标进行评价，若所有指标均不满足，则可以考虑根据输出结果对路径进行删除或者重构。

● 常用指标包括卡方自由度比、GFI、RMSEA、RMR、CFI、NFI 和 NNFI。其他的一些指标通常使用较少，可结合实际情况选择使用。

● 卡方和自由度 df 主要用于比较多个模型，卡方值越小越好，自由度反映了模型的复杂程度，模型越简单，自由度越大；反之，模型越复杂，自由度越小。

● GFI（拟合优度指数）：主要用于判定系数和回归标准差，检验模型对样本观测值的拟合程度。其值在 0~1，越接近 0 表示拟合越差。CFI≥0.9，认为模型拟合较好。

● RMSEA（近似误差均方根）：一般情况下，RMSEA 在 0.08 以下（越小越好）。

● RMR（均方根残差）：该指标通过测量预测相关和实际观察相关的平均残差，衡量模型的拟合程度。如果 RMR<0.1，则认为模型拟合较好。

● CFI（比较拟合指数）：该指数在对假设模型和独立模型比较时，其值在 0~1，越接近 0 表示拟合越差，越接近 1 表示拟合越好。一般情况，CFI≥0.9，认为模型拟合较好。

● NNFI（非规范拟合系数）和 CFI（比较拟合指数）：其值越大越好，所拟合的模型表现较好。

输出结果 5：路径节点协方差关系表，如表 5-12 所示。

表 5-12　路径节点协方差关系表

因子 A	↔	因子 B	非标准估计系数	标准估计系数	标准误	z	*P*
经济水平	↔	教育水平	43.967	0.504	13.276	3.312	0.001***

注：***、**、* 分别代表 1%、5%、10%的显著性水平。

图表说明：

图表说明：表 5-12 展示了因子协方差分析的结果，包括非标准估计系数、标准误、Z 检验值、显著性 P 值、标准系数。

● 根据因子之间两两配对的协方差分析表，可通过标准系数分析因子与因子之间的关联性；

● 两两之间的标准系数值，一般情况下越接近 1，说明因子之间越具有较强的关联性；

● 如果某项呈现出显著性，且标准估计系数值较高，则说明相关关系较强，可考虑从模型中加入该路径关系进行分析（若理论上没意义，可不加）。

智能分析：

协方差分析的结果显示：

经济水平与教育水平的协方差关系呈现显著性，标准估计系数为 0.504，有中等的关联性，建议加入路径关系进行分析。

【实验作业】以“贸易行为”为主题，设计指标体系进行问卷调查或数据查找，运用结构方程模型进行分析。

第六章

实验案例
——以消费行为为例

第一节 消费行为数据获取实验

一、实验目的

消费者行为是贸易行为中最常见的一种方式。对市场中消费者的研究，其理论结果及实用意义对于市场销售人员具有非常重要的参考价值。而消费者的个人消费行为受到很多因素的影响包括个人心理因素、环境因素等。我们下面将根据消费者实际的购买行为分析影响消费者行为的关键属性。消费者对某种产品的各种属性的态度并不都对购买行为起作用，真正起作用的只是其中的极少数对产品属性的态度，这极少数几种与实际购买密切相关的对产品属性的态度被称为关键属性，而其余无关的态度被称为非关键属性。本次实验的目的为运用关键属性理论，学会分析关键属性，并查找获取关键属性数据。

二、实验内容

以对居民消费者影响最大的商品房产为例，要求学生分析影响消费者在购买房产时的影响因素有哪些，并提取出关键属性因素，对提取的关键属性因素进行数据的查找。

三、实验步骤

（1）讨论影响房子购买的关键因素有哪些？你觉得最重要的因素是什么（讨论 20

分钟，并找小组分享结论）？教师对讨论结果进行总结。影响房子价格的因素包括：学区、居民收入、交通的便利性、社会服务的便利性等。

（2）根据确定的这些关键因素进行数据的选取与查找（横截面数据）。

第一，获取1年以来贵阳房价的变动数据，以安居客网站的数据为准，每组查找25个小区的房价波动数据。

向学生介绍如何查找数据，要求每组查找25个小区房价样本数据，小区按照安居客中贵阳的重要小区分配各组任务，各小组之间样本不能相同，可以有交叉，从而保证全班样本数据的普遍性。

第二，确定各个小区的地理位置，如白云区、云岩区、观山湖区等，找到每个小区对应的城市居民收入。本次数据查找应注意，每组按照本组的25个小区依次列明小区所在区域后，列明本区域的居民收入。

第三，统计小区距离学校的距离。打开高德地图，查找该小区最近的公办中学的距离。

注意：每个实验步骤的任务完成，以该小组需提交的表格数据为准。

第四，查找每个小区最近的地铁口的距离。

该数据的获取需要借助高德地图或者百度地图，找出小区最近地铁口的距离。

第五，查找每个小区最近的省级医院和大型超市的距离。

地铁口的距离、省级医院的距离和大型超市的距离都反映了生活便利性对消费者购买房产的影响。

注意：每个实验步骤的任务完成，以该小组需提交的表格数据为准。

（3）数据统计完毕对数据进行整理。

第一，检查是否有数据缺失，补齐缺失的数据。

第二，数据单位的选择（调整单位）。让学生思考单位的选取对数据分析的影响，向学生介绍数据单位选取的重要性。

第三，数据图制作（各个指标的柱状图，以每个小区与平均水平进行比较）。

（4）汇报总结。

对本次课程在数据查找过程中遇到的问题、讨论后的解决方案、数据的整理成效等进行汇报。

四、实验报告要求

实训报告中采用图表的形式分析影响消费者行为的关键因素；同时能够据实对自己在小组实训过程中所承担的任务和任务的完成情况进行自评。

第二节 消费行为数据分析实验

一、实验目的

利用多元线性回归，分析各属性与消费者购买行为的多元线性关系，由此验证影响消费者购买行为的关键属性，并确定影响房产价格的关键属性，以及各关键属性的影响力的大小。

二、实验内容

根据马丁·费希本多属性态度模型，分析影响消费者行为的关键属性，建立房产价格与其各关键属性影响因素的多元线性回归，分析消费者关键属性与消费者购买行为的影响，由此验证影响消费者购买行为的关键属性，并对关键属性进行比较。

三、实验步骤

（一）消费行为数据分析

消费行为数据分析包括相关系数分析、描述统计分析、回归分析、做出线性拟合图。

1. 相关系数分析

相关关系：变量之间存在着非严格的不确定的关系，对它们进行深层次的分析，观察它们的密切程度。

相关性分析：对变量之间的相关关系进行分析，即相关性分析。其中比较常用的是线性相关分析，用来衡量它的指标的是线性相关系数，又叫皮尔逊相关系数，通常用 r 表示，取值范围是［-1，1］。

$$r=\frac{\sum(x-\bar{x})(y-\bar{y})}{\sqrt{\sum(x-\bar{x})^2\sum(y-\bar{y})^2}}=\frac{x\text{ 与 }y\text{ 的协方差}}{x\text{ 的标准差与 }y\text{ 的标准差的乘积}}$$

Excel 里还可以用数据—数据分析—相关系数，这个功能来进行相关性分析。

另外，我们还可以用折线图来呈现相关性分析。横轴表示第几个观测点，如图 6-1 所示，共有 45 个观测点。从图 6-1 可以很直观地看出 X_1 随着 Y 的增加而增加，呈正相关关系。

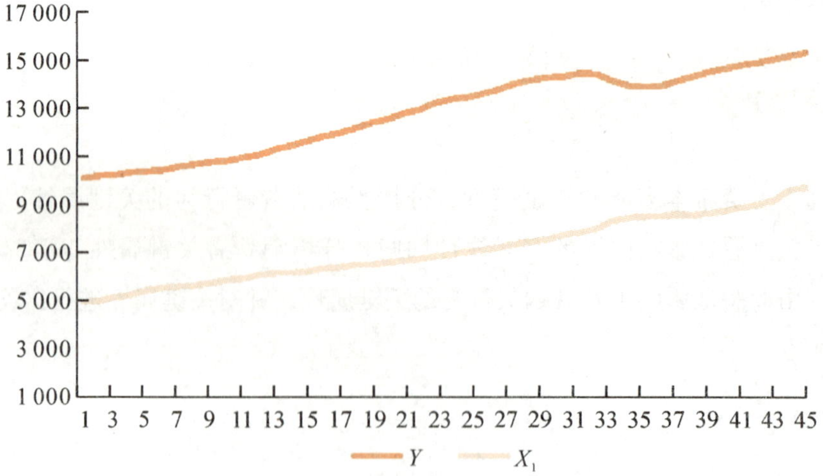

图 6-1　相关性分析（折线图）

还可以用散点图来表示相关性分析（图 6-2）。横坐标是 Y 列值，纵坐标是 X_1 列值，通过斜率的关系，可以看出它们呈正相关，要求对各个图形的实际意义进行解释。

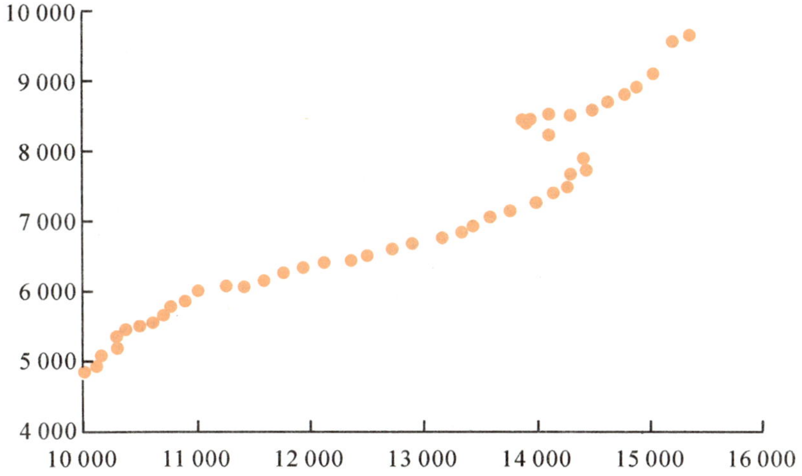

图 6-2　相关性分析（散点图）

2. 描述统计分析

（1）在电脑上打开 Excel 软件，然后对应要分析的数据，将数据依次输入表格中；

（2）在 Excel 页面左上角点击“文件”，在文件界面中找到“选项”按钮，单击；

（3）在出现的选项窗口中找到下方的“管理（A）”，选择“Excel 加载项”，然后点击“转到”按钮；

（4）在转到的窗口“加载宏”中找到“分析工具库”和“分析工具库-VBA”，点击前面的方框进行勾选，然后点击“确定”按钮。

（5）回到表格输入界面，在 Excel 上方的菜单栏中找到“数据”菜单，然后在右侧找到“数据分析”按钮并点击。

（6）在出现的“数据窗口”中找到“描述统计”选项，点击选中以后点“确定”按钮。我们可以看到窗口还有很多其他的 SPSS 中的数据处理方式，有需要的自行选择就好。

（7）点击确定以后会出现描述统计的窗口，自己设置“输出区域”和要统计的数据的区域（输入区域）。

（8）Excel 就会根据你选择的区域进行描述性统计分析，等待一下就会在选定区域中出现分析的结果。

（9）使用 Excel 对数据进行描述性统计分析，要求大家对做出的图形进行解释和说明。

3. 回归分析

（1）打开电脑上的 Excel，在方框处输入要做回归分析的数据，此处以两组数据，以房价变动 Y 和距离学校的距离 X_1 为例，输入数据如图 6-3 所示。

1	房价的变动X1（单位：元）	距离学校的距离X2（单位：米）
2	1634	2490
3	550	2900
4	-187	2500
5	-23	1100
6	-1482	1400
7	91	3500
8	-453	1100
9	65	3300
10	868	986
11	512	484
12	-461	263
13	-587	410
14	-130	1800
15	120	2200
16	-235	2300
17	132	1600
18	-1150	9100
19	-322	6600
20	598	3300
21	-222	2800
22	-744	800
23	-1525	155
24	1601	1700
25	-1159	1700
26	-617	1500

图 6-3 数据准备

（2）点击箭头处的“文件”按钮，可以看到最下方的“选项”。

（3）点击箭头处的“选项”按钮，进入 Excel 选项界面，可以看到“加载项”。

（4）点击箭头处“加载项”按钮，选择“分析工具库”选项，点击下方箭头处的“转到”按钮。

（5）进入加载项界面后，勾选“分析工具库”前面的方框，点击箭头处的“确定”按钮。

（6）点击方框处的“数据”按钮，箭头处即可看到“数据分析”工具。

（7）点击“数据分析”按钮，在分析工具中找到“回归”选项，接着点击箭头处的“确定”按钮。

（8）进入回归分析界面，首先选择“Y 值输入区域”选项，点击箭头处即可开始选择。

（9）用方框选中体重 y 下面的单元格，点击上方箭头处图标即可。

（10）下面勾选“置信度”前面的方框，此处置信度为 95%。点击箭头处“确定”即可开始回归分析。

（11）回归分析完成后，在界面上即可看到回归分析结果，如图 6-4 所示。

SUMMARY OUTPUT

回归统计	
Multiple R	0.395472
R Square	0.156398
Adjusted R	-0.19097
标准误差	0.264704
观测值	25

方差分析

	df	SS	MS	F	ignificance F
回归分析	7	0.220833	0.031548	0.45024	0.85654
残差	17	1.191162	0.070068		
总计	24	1.411996			

	Coefficients	标准误差	t Stat	P-value	Lower 95%	Upper 95%	下限 95.0%	上限 95.0%
Intercept	0.268621	0.19449	1.381155	0.185118	-0.14172	0.678959	-0.14172	0.678959
BALANCE	0.294039	0.281279	1.045366	0.310491	-0.29941	0.887486	-0.29941	0.887486
SCHOOL	-0.06438	0.246256	-0.26144	0.796893	-0.58394	0.455173	-0.58394	0.455173
SURBRARY	0.019884	0.40827	0.048702	0.961724	-0.84149	0.881259	-0.84149	0.881259
HOSPITAL	0.021806	0.338273	0.064464	0.949353	-0.69189	0.7355	-0.69189	0.7355
SUPMARKI	-0.24232	0.389014	-0.62292	0.541605	-1.06307	0.578424	-1.06307	0.578424
PARK	0.023848	0.229823	0.103765	0.91857	-0.46104	0.508732	-0.46104	0.508732
BANK	-0.10535	0.256801	-0.41024	0.686757	-0.64715	0.436454	-0.64715	0.436454

图 6-4　回归分析结果

4. 做出线性拟合图

（1）打开 Excel 表，并输入相关数据。

（2）接下来将数据表绘制出来，选中所有数据，然后点击菜单栏中的“插入”按钮，再选择“图表”中的散点图，优先选择仅带数据点的散点图。

（3）由于插入的散点图坐标信息不全，所以先对图表样式进行更改，点击菜单栏中的“设计”，然后选择布局 1。

（4）手动输入坐标轴的标题和单位，以及图表的标题。

（5）接下来进行线性拟合，点击菜单栏的“布局”按钮，再找到“趋势线”选项，选择“线性趋势线”，这样，线性趋势线就添加到图表中了。

（6）但是，并没有给出线性方程和拟合度，如果想要将线性方程和拟合度都同时给出来，那么要在“趋势线”选项下点击“其他趋势线选项”。

(7)“趋势预测/回归分析类型”界面中选择“线性”选项，同时将“显示公式”和“显示 R 的平方”勾选上即可。

(二) 分析总结

撰写消费行为关键属性分析总结。

学生以 PPT 的形式汇报，教师进行点评。

四、实验报告要求

实训报告中尽可能以图表的形式分析消费者行为；同时能够据实反映自己在小组实训过程中所承担的任务和任务的完成情况。

笔 · 记 · 用 · 纸

笔 · 记 · 用 · 纸

笔 · 记 · 用 · 纸

笔 · 记 · 用 · 纸

笔 · 记 · 用 · 纸

笔 · 记 · 用 · 纸

笔 · 记 · 用 · 纸

笔·记·用·纸

笔 · 记 · 用 · 纸

笔 · 记 · 用 · 纸

笔 · 记 · 用 · 纸

笔 · 记 · 用 · 纸

笔 · 记 · 用 · 纸

笔 · 记 · 用 · 纸

笔 · 记 · 用 · 纸

笔 · 记 · 用 · 纸

笔·记·用·纸

笔 · 记 · 用 · 纸

笔 · 记 · 用 · 纸

笔 · 记 · 用 · 纸